달달 읽고 곰곰 생각하는

달콤한
문해력

초등 어휘

달곰한 공부 계획

매일매일 꾸준히 학습해 봐!

국어

주제 01	주제 02	주제 03	주제 04	주제 01~04 주간 학습
월 / 일	월 / 일	월 / 일	월 / 일	월 / 일
주제 05	주제 06	주제 07	주제 08	주제 05~08 주간 학습
월 / 일	월 / 일	월 / 일	월 / 일	월 / 일

사회

주제 01	주제 02	주제 03	주제 04	주제 01~04 주간 학습
월 / 일	월 / 일	월 / 일	월 / 일	월 / 일
주제 05	주제 06	주제 07	주제 08	주제 05~08 주간 학습
월 / 일	월 / 일	월 / 일	월 / 일	월 / 일

과학

주제 01	주제 02	주제 03	주제 04	주제 01~04 주간 학습
월 / 일	월 / 일	월 / 일	월 / 일	월 / 일
주제 05	주제 06	주제 07	주제 08	주제 05~08 주간 학습
월 / 일	월 / 일	월 / 일	월 / 일	월 / 일

우리는 매일 국어, 과학, 사회 등의 교과 수업을 들으며 새로운 낱말을 만나요. 이 낱말들은 우리가 세상을 이해하고, 더 많은 지식을 쌓는 데 도움을 주어요. 하지만 낱말의 뜻을 잘 모르면 공부가 어려워질 수 있어요.

'달곰한 문해력 초등 어휘'는 여러분이 일상생활뿐만 아니라 교과 과목에서 자주 만나는 중요한 낱말들을 재미있게 익힐 수 있도록 도와줄 거예요. 그림과 함께 이야기를 읽으며 낱말의 뜻을 추론하고, 어휘 반복 학습을 통해 낱말을 확실히 익힐 수 있도록 구성했어요. 여러분의 어휘력이 쑥쑥 자라도록 도와줄게요.

그럼, 이제 '달곰한 문해력 초등 어휘'를 시작해 봐요!

WHY 왜 어휘를 따로 공부해야 할까요?

어휘는 문해력의 기본

어휘는 문해력의 기본이 되기 때문입니다. 문해력은 단순히 글을 읽고 해석하는 것에서 나아가 글과 문장 속에 숨어 있는 맥락을 찾아내고 그 것을 내재화하여 확장하는 능력까지 포함되는 것입니다. 이를 위해서 는 글과 문장 속에 있는 어휘의 정확한 뜻을 인지하고 있어야 합니다. 뜻 해석을 넘어 문장과 글, 다른 상황에도 확장하여 활용할 수 있어야 하기 때문입니다.

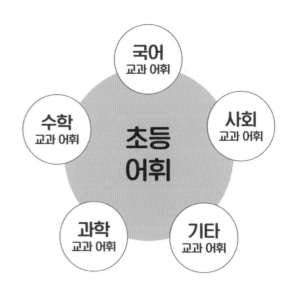

어휘는 모든 교과서의 기본

부족한 어휘 지식은 국어만이 아니라 수학, 사회, 과학을 학습할 때도 맥 락과 상황, 현상을 이해하는 데 걸림돌이 될 수 있습니다. 모든 교과 학 습에서 기본은 우리말인 국어이며 각 교과에서 필수적으로 알아야 할 어휘들이 바탕이 되어야 온전히 교과 학습을 이해할 수 있습니다.

WHAT 어떤 어휘를 공부해야 할까요?

학년별 필수 교과 어휘

어휘 공부에서 가장 기본적인 바탕이 되는 것은 교육과정에 따른 교과 어휘입니다. 따라서 과목별로 교과 필수 어휘를 공부하는 것이 가장 중 요합니다. 이때 어휘는 과목별로 따로 익혀야 합니다. 교육과정에 따른 각 과목의 교과 어휘를 별도로 학습해야 해당 교과를 공부할 때 어휘를 적재적소에 활용할 수 있기 때문입니다. 또한 해당 학년 외에 선행 어휘 를 익힐 필요도 있습니다. 학년에 맞는 수준으로 쓴 글이나 문장도 일부 어휘의 난이도가 높을 수 있기 때문입니다.

학습이 필요한 어휘

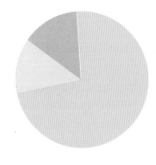

■ **학년 필수 교과 어휘**　　■ 선행 어휘
■ 알고 있다고 생각하지만 모르는 어휘

HOW 어떻게 어휘를 공부해야 할까요?

의미 연결 학습

어휘를 단순히 나열하여 암기하는 방법으로는 어휘를 오래 기억하고 내재화하기 어렵습니다. 따라서 어휘는 의미를 연결 지어 학습하는 것이 효과적입니다.

문맥 속 추론 학습

어휘의 뜻만 기억하는 것보다, 어휘가 사용된 문맥 속에서 직접 추론하고 뜻을 익히면 기억에 오래 남아 다른 상황에서도 해당 어휘를 효과적으로 활용할 수 있습니다.

반복 학습

어휘력 향상은 기억력과의 싸움입니다. 따라서 반복 학습을 통해 어휘를 계속 기억할 수 있도록 해야 합니다. 해당 어휘가 사용되는 여러 상황을 반복적으로 접함으로써 어휘의 활용 능력도 향상시킬 수 있습니다.

달곰한 문해력 초등 어휘

한 권으로 어휘 학습 완성!

『달곰한 문해력 초등 어휘』는 각 학년 교과 필수 어휘를 완벽하게 익히는 완전 학습이 가능합니다. 교과 어휘 중 가장 핵심적인 어휘를 선정하여 주제별로 묶어 어휘를 의미적으로 연결하여 학습합니다. 지문의 문맥 속에서 추론하며 익히고, '일일 학습-주간 학습-어휘 평가'까지 세 번의 반복 학습을 통해 완전 학습이 가능합니다.

주제
낱말밭을 통해
의미적으로 연결된
어휘 학습

지문을 통해
문맥 속 어휘의 뜻
추론 학습

[일일 학습-
주간 학습
-어휘 평가]로 이어지는
반복 학습

이 책의 활용법

나에게 맞는 어휘 학습 주기로 계획을 세워 공부해요.

10일

과목별 집중 학습

국어, 사회, 과학 어휘를
순서대로 각각 10일씩
총 30일 학습해요.

국어
10일

↓

사회
10일

↓

과학
10일

↓

어휘 평가

5일

과목별 선택 학습

국어, 사회, 과학 중
원하는 과목을 골라서
5일씩 학습을 두 번 해요.

국어
5일

2회 반복

사회
5일

과학
5일

↓

어휘 평가

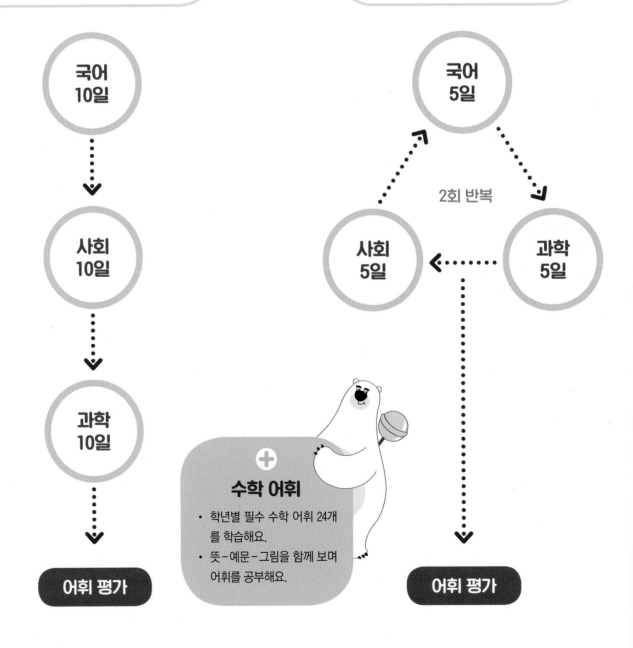

➕ 수학 어휘

- 학년별 필수 수학 어휘 24개
  를 학습해요.
- 뜻 – 예문 – 그림을 함께 보며
  어휘를 공부해요.

"달곰한 문해력 초등 어휘와 함께
체계적인 어휘 학습을 시작해 보세요"

추천사 **김택수 교수님**

경희사이버대학교
한국어문화학부 초빙교수

어휘력은 우리의 삶과 세상을 이해하는 가장 기본이 되는 도구입니다. 단순히 많은 단어를 아는 것을 넘어서, 단어들이 담고 있는 깊이 있는 의미와 뉘앙스를 이해하고, 이를 통해 세상을 더욱 섬세하게 바라볼 수 있게 해주는 중요한 역할을 합니다.

어휘를 잘 모르면 어떤 일이 벌어질까요? 단어의 뜻을 모르므로 글에 대한 이해력이 떨어지고, 학습에 어려움을 겪게 될 것입니다. 또래 친구들과의 소통에서 문제가 생길 수도 있습니다. 어휘력이 낮으므로 자신을 표현할 수단이 적어 자기 생각과 감정을 정확하게 표현하기 어렵게 됩니다. 이에 따라 사회적 관계 형성과 유지 등 사회적 측면에서도 어려움을 경험하게 할 수 있습니다.

이러한 문제가 생기지 않게 하기 위해서는 체계적인 접근이 필요합니다. 먼저, 주제별 필수 어휘 학습을 시작으로 기초 어휘를 이해하고 단계적으로 확장하는 체계적인 어휘 학습이 매우 중요합니다.

또한 어휘를 단순히 나열하고 암기하는 방식이 아닌 추론과 반복 학습을 통해 여러 가지 상황과 다양한 문맥에서 그 의미를 이해하는 맥락 중심의 학습이 필요합니다. 여기에 규칙적이고 지속적인 복습과 적용 연습을 통한 반복 학습이 더해지면 학습자의 어휘력은 더욱 성장하게 될 것입니다.

'달곰한 문해력 초등 어휘'는 이러한 요소들을 통합적으로 제공합니다. '주제 낱말밭'을 통해 어휘를 의미적으로 연결한 어휘 학습을 제공하며, 단계적인 어휘력 향상과 맥락 속에서 자연스럽게 어휘를 이해하는 능력을 신장하는 데 도움을 줍니다.

이러한 과정을 통해 차근차근 하나하나 주어진 과제를 수행하면 '세상을 이해하는 단단한 틀'을 지니게 될 뿐만 아니라 다채로운 생각과 시선으로 삶을 마주하리라 생각합니다.

이 책의

구성과 특징

❶ 낱말밭

주제 어휘로 구성된 낱말밭의 그림과 이야기를 살펴보며 낱말의 뜻을 추론해요.

❷ 긴 글 읽기

다양한 종류의 긴 글을 읽으며 어휘의 뜻을 추론해요.

❸ 낱말밭 사전

어휘의 정확한 뜻을 확인하고 익혀요.

❹ 낱말밭 일일 학습 (1단계 확인과 적용)

여러 가지 유형의 어휘 확인 및 적용 문제를 풀면서 어휘를 학습해요.

❺ 낱말밭 일일 학습 (2단계 활용)

앞에서 배운 어휘를 활용하여 문장을 직접 만들어 써 봐요.

❻ 낱말밭 주간 학습

다양한 유형의 문제를 풀면서 4일간 학습한 어휘를 반복 학습해요.

❼ 디지털 속 한 문장

실생활에서 자주 접하는 디지털 장면에서 어휘를 활용한 글쓰기를 해 봐요.

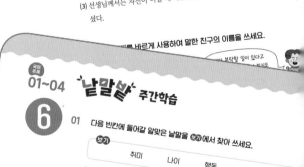

다음 글을 읽으며, 빈칸에 들어갈 낱말을 따라 써 보세요.

2 새 학기가 되어 새로운 선생님과 친구들을 만나면 우리는 무엇을 해야 할까요? 인사를 하고, 자기소개를 해야 해요. 자기소개란 나를 모르는 사람에게 나에 대해 알려 주려고 (1) 소개 하는 것을 말해요. 나를 소개할 때 어떤 것을 알려 줄 수 있을까요? 가장 먼저 나의 이름과 (2) 나이 를 알려 줄 수 있어요. 그리고 다니는 학교도 알려 줄 수 있지요. 또 내가 활발한지, 조용한지 등의 (3) 성격 도 알려 줄 수도 있어요. 다음으로 내가 좋아하는 것이나 즐겨 하는 일이 무엇인지 (4) 취미 도 알려 줄 수 있지요. 그리고 앞으로 커서 어떤 일을 하고 싶은지, 나의 (5) 꿈 도 알려 줄 수 있어요.

이렇게 나에 대해 소개한 뒤에는 다른 친구들이 자신에 대해 소개하는 것도 잘 들어야 해요. 그래야 서로에 대해 잘 알 수 있고, 좋은 관계를 맺을 수 있기 때문이에요.

3 낱말밭
사전

확인 ✓

• **소개** 모르는 사실이나 내용을 잘 알도록 하여 주는 설명.

05 다음 밑줄 친 낱말과 같은 낱말이 들어갈 문장에 ○표 하세요.

> 우리 형의 꿈은 유명한 요리사가 되는 것이다.

① 할아버지께서 가장 즐겨 하시는 □□□은 서예이다. (   )

② 어려서부터 축구 선수가 되고 싶다고 말하던 형은 그 □□을 이뤄 축구 선수가 되었다. (   )

06 다음 ㉠과 ㉡에 들어갈 알맞은 낱말을 보기 에서 찾아 쓰세요.

보기
취미   성격

최근에 우리 반에 전학 온 친구는 ㉠ 이/가 수줍고 조용한 편이었어요. 목소리도 작고, 잘 웃지도 않아서 정말 조용한 아이라고 생각했지요. 그런데 전학 온 친구는 ㉡ 이/가 축구라고 했어요. 나와 좋아하는 운동이 같아서 그 친구와 친해지고 싶어졌어요.

(1) ㉠: (   )   (2) ㉡: (   )

2단계   활용   **5**

07 다음 보기 와 같이 주어진 낱말을 넣어 짧은 문장을 만들어 쓰세요.

보기
성격
✎ 나는 그 친구의 친절하고 밝은 성격이 좋아서 친해지고 싶었다.

(1) 소개

7 🌱 디지털 속 한 문장

정답 및 해설 8쪽

다음을 보고, 소개라는 낱말을 넣어 자신을 소개하는 글을 써 보세요.

#자기소개
안녕하세요? 저에 대해 소개할게요.
저는 초등학교

부록

▶ 수학 필수 어휘

국어·
사회·과학   **어휘 확인**

▶ 국어 / 사회 / 과학 어휘 확인

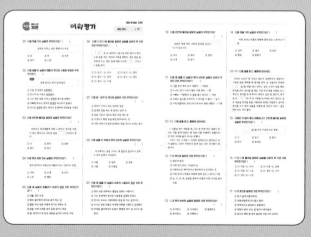

▶ 국어 / 사회 / 과학 어휘 평가

이 책의 차례

부록

· 국어 / 사회 / 과학 어휘 확인

· 국어 어휘 평가   · 사회 어휘 평가   · 과학 어휘 평가

국어

01~04

국어 01 02 03 04 주간
학습 05 06 07 08 주간
학습 사회 01 02 03 04 주간
학습 05 06 07 08 주간
학습 과학 01 02 03 04 주간
학습 05 06 07 08 주간
학습 수학

주제별로 묶어 어휘를 의미적으로 연결하여 학습해 봐!

나를 소개할 때 무엇을 이야기할까?

친구들 사이에서 가장 어려 보이는 여자아이는 자신의 이름이 하즈카이고, **나이**는 여섯 살이라고 했어요.

나 이

키가 큰 남자아이는 자신의 이름은 저스틴이고, 열두 살이며 자신의 **성격**은 활발하고 자상하다고 말했어요.

성 격

소 개

하준이는 여행지에서 만난 세계 여러 나라에서 온 친구들에게 자기**소개**를 했어요.

취 미

양쪽으로 머리를 묶은 여자아이는 자신의 이름은 엘리나이고, 아홉 살이며 인형을 모으는 것이 **취미**라고 말했어요.

꿈

하준이도 자신의 이름과 나이를 말하고, 세계 곳곳을 다니는 비행사가 되는 것이 **꿈**이라고 자기소개를 했어요.

다음 글을 읽으며, 빈칸에 들어갈 낱말을 따라 써 보세요.

　　새 학기가 되어 새로운 선생님과 친구들을 만나면 우리는 무엇을 해야 할까요? 인사를 하고, 자기소개를 해야 해요. 자기소개란 나를 모르는 사람에게 나에 대해 알려 주려고 ⁽¹⁾소개 하는 것을 말해요.

　　나를 소개할 때 어떤 것을 알려 줄 수 있을까요? 가장 먼저 나의 이름과 ⁽²⁾나이 를 알려 줄 수 있어요. 그리고 다니는 학교도 알려 줄 수 있지요. 또 내가 활발한지, 조용한지 등의 ⁽³⁾성격 도 알려 줄 수도 있어요. 다음으로 내가 좋아하는 것이나 즐겨 하는 일이 무엇인지 ⁽⁴⁾취미 도 알려 줄 수 있지요. 그리고 앞으로 커서 어떤 일을 하고 싶은지, 나의 ⁽⁵⁾꿈 도 알려 줄 수 있어요.

　　이렇게 나에 대해 소개한 뒤에는 다른 친구들이 자신에 대해 소개하는 것도 잘 들어야 해요. 그래야 서로에 대해 잘 알 수 있고, 좋은 관계를 맺을 수 있기 때문이에요.

낱말밭 사전

확인 ✓

* **소개** 모르는 사실이나 내용을 잘 알도록 하여 주는 설명. ☐

* **나이** 사람이나 동물·식물 등이 세상에 나서 살아온 햇수. ☐

* **성격** 개인이 가지고 있는 남다른 성질. ☐

* **취미** 좋아하여 재미로 즐겨 하는 일. ☐

* **꿈** 실제로 이루고 싶은 희망이나 소원. ☐

01 다음 낱말의 뜻으로 알맞은 것을 찾아 선으로 이으세요.

(1) 꿈 •

(2) 나이 •

(3) 소개 •

(4) 성격 •

(5) 취미 •

• ㉠ 좋아하여 재미로 즐겨 하는 일.

• ㉡ 개인이 가지고 있는 남다른 성질.

• ㉢ 실제로 이루고 싶은 희망이나 소원.

• ㉣ 모르는 사실이나 내용을 잘 알도록 하여 주는 설명.

• ㉤ 사람이나 동물·식물 등이 세상에 나서 살아온 햇수.

02 다음 문장에 어울리는 낱말을 찾아 ○표 하세요.

(1) 내 동생은 올해 (성격 , 나이)이/가 다섯 살이다.

(2) 그 친구는 (꿈 , 성격)이 까탈스러워서 사람들과 잘 어울리지 못한다.

(3) 선생님께서는 자신이 어릴 때 가졌던 (꿈 , 나이)을/를 이루었다고 말씀하셨다.

03 다음 중 '소개'를 바르게 사용하여 말한 친구의 이름을 쓰세요.

나는 어제 처음 간 수영 수업에서 사람들에게 나를 소개했어.

예지

내가 부탁할 일이 있다고 말했더니 친구가 들어 보지도 않고 소개해서 기분이 나빴어.

수현

( )

04 다음 빈칸에 들어갈 낱말로 알맞은 것은 무엇인가요? ( )

아버지께서는 주말마다 [   ](으)로 등산을 하신다.

① 꿈   ② 나이   ③ 성격   ④ 소개   ⑤ 취미

05 다음 밑줄 친 낱말과 같은 낱말이 들어갈 문장에 ○표 하세요.

> 우리 형의 <u>꿈</u>은 유명한 요리사가 되는 것이다.

① 할아버지께서 가장 즐겨 하시는 [ ]은 서예이다. (   )

② 어려서부터 축구 선수가 되고 싶다고 말하던 형은 그 [ ]을 이뤄 축구 선수가 되었다. (   )

06 다음 ㉠과 ㉡에 들어갈 알맞은 낱말을 보기에서 찾아 쓰세요.

> **보기**
>
> 취미   성격

> 최근에 우리 반에 전학 온 친구는 [㉠]이/가 수줍고 조용한 편이었어요. 목소리도 작고, 잘 웃지도 않아서 정말 조용한 아이라고 생각했지요. 그런데 전학 온 친구는 [㉡]이/가 축구라고 했어요. 나와 좋아하는 운동이 같아서 그 친구와 친해지고 싶어졌어요.

(1) ㉠: (   ) (2) ㉡: (   )

2단계   활용

07 다음 보기와 같이 주어진 낱말을 넣어 짧은 문장을 만들어 쓰세요.

> **보기**
>
> 성격
>
> ✎ 나는 그 친구의 친절하고 밝은 성격이 좋아서 친해지고 싶었다.

(1) 소개

✎ --

(2) 나이

✎ --

국어 주제 02 시에 대해 알아볼까?

서연이가 쓴 시를 읽은 언니는 세 개의 **연**으로 나누어 쓰면 더 좋을 것 같다고 말했어요.

연

엄마께서는 서연이의 시를 읽고, 한 줄마다의 글자 수를 줄여서 **행**을 간단하게 쓰면 더 좋겠다고 말씀해 주셨어요.

행

시

서연이는 오늘 음악 시간에 느낀 기분을 재미있게 글로 표현해 보고 싶어서 **시**를 썼어요.

낭송

시를 고쳐 쓴 서연이는 가족들 앞에서 자신이 쓴 시를 큰 목소리로 **낭송**했어요.

분위기

시 낭송을 들은 가족들은 경쾌하고 즐거운 **분위기**가 느껴진다고 말했어요.

다음 글을 읽으며, 빈칸에 들어갈 낱말을 따라 써 보세요.

　　자연이나 일상생활에 대한 느낌이나 생각을 리듬이 있는 형식으로 나타낸 글을 (1) 시 라고 해요. 그리고 읽는 사람을 주로 어린이로 생각하고 어린이의 마음을 담아 쓴 시를 동시라고 하지요.

　　시는 어떻게 만들어질까요? 시의 한 줄을 (2) 행 이라고 해요. 그리고 여러 개의 행을 묶어서 만든 한 단위를 (3) 연 이라고 하지요. 이렇게 여러 개의 연이 모여서 시가 완성되는 거예요.

　　시를 읽으면 내용에 따라 재미있기도 하고, 슬프기도 해요. 시에는 그 시만의 (4) 분위기 가 담겨 있기 때문이에요. 입으로 소리 내어 시를 읽으면 시의 분위기를 더 잘 느낄 수 있어요. 이렇게 시를 (5) 낭송 할 때는 노래하듯이 리듬을 잘 살려서 읽는 것이 좋아요. 또 떠오르는 장면을 생각하며 시의 분위기와 느낌이 잘 드러나게 읽어야 하지요.

낱말밭 사전

확인 ☑

* **시** 글쓴이의 생각이나 느낌을 리듬이 있는 형식으로 나타낸 글. ☐

* **연** 시에서, 몇 행을 한 단위로 묶어서 이르는 말. ☐

* **행** 글을 가로나 세로로 벌인 것을 세는 말. ☐

* **낭송** 크게 소리를 내어 글을 읽거나 외움. ☐

* **분위기** 어떤 곳이나 작품의 바탕에 깔려 있는 느낌이나 기분. ☐

 1단계 확인과 적용

01 다음 뜻을 가진 낱말을 **보기** 에서 찾아 쓰세요.

> **보기**
>
> 연   행   시   낭송   분위기

(1) 크게 소리를 내어 글을 읽거나 외움. (   )

(2) 글을 가로나 세로로 벌인 것을 세는 말. (   )

(3) 시에서, 몇 행을 한 단위로 묶어서 이르는 말. (   )

(4) 어떤 곳이나 작품의 바탕에 깔려 있는 느낌이나 기분. (   )

(5) 글쓴이의 생각이나 느낌을 리듬이 있는 형식으로 나타낸 글. (   )

02 다음 빈칸에 들어갈 알맞은 낱말을 **보기** 에서 찾아 쓰세요.

> **보기**
>
> 행   낭송   분위기

(1) 그 시는 각 연이 3(   )(으)로 되어 있어서 짧고 깔끔하다.

(2) 아버지께서는 옛날에 살던 고향 마을의 정겹고 따뜻한 (   )이/
가 그립다고 하셨다.

03 다음 첫 자음자를 보고, 빈칸에 들어갈 알맞은 낱말을 쓰세요.

(1) | ㅇ |

✎ 수업 시간에 학교에 대한 시를 모두 4(   )(으)로 나누어 썼다.

(2) | ㄴ | ㅅ |

✎ 나는 시 속 인물의 당당하고 자신감 있는 모습을 잘 드러내기 위해 큰 목
소리로 시를 (   )했다.

04 다음 빈칸에 공통으로 들어갈 낱말로 알맞은 것을 찾아 ○표 하세요.

> • [   ]를 낭송할 때는 노래하듯이 분위기를 잘 살려서 읽어야 한다.
>
> • [   ]는 자신의 생각이나 느낌을 리듬이 있는 형식으로 나타낸 글이다.

(시 , 일기)

05 다음 밑줄 친 낱말의 뜻으로 알맞은 것을 보기에서 찾아 기호를 쓰세요.

> **보기**
> ㉠ 크게 소리를 내어 글을 읽거나 외움.
> ㉡ 어떤 곳이나 작품의 바탕에 깔려 있는 느낌이나 기분.

> 지난주에 열린 발표회에서 나는 친구들과 함께 연극을 공연했다. 길을 잃은 강아지의 주인을 찾아 주는 내용으로, 짝꿍이 키우는 강아지를 직접 데려와 함께 연기했다. 연극을 보러 온 부모님과 친구들은 연극의 <u>분위기</u>가 밝고 따뜻해서 정말 좋았다고 칭찬해 주었다.

(   )

2단계 **활용**

06 다음 보기와 같이 주어진 낱말을 넣어 짧은 문장을 만들어 쓰세요.

> **보기**
> [시]
> ✎ 언니는 학교에서 열린 시 쓰기 대회에서 대상을 받았다.

(1) [행]

✎ --

(2) [낭송]

✎ --

이야기 속에서 놀부의 **생김새**는 날카로운 눈썹과 찢어진 눈, 볼록 나온 배로 표현되어 있었어요.

생 김 새

놀부는 욕심이 가득하고 돈만 좋아했어요. 동생에게도 베풀지 않고 오히려 못살게 구는 **행동**을 했지요.

행 동

인 물

윤찬이가 읽은 책에는 놀부와 흥부라는 두 **인물**이 나와요. 둘은 형제 관계예요.

말

마 음

놀부는 흥부에게 화를 내며 나쁜 **말**을 하기도 했어요. 하지만 흥부는 형에게 대들지 않고 착한 말만 했지요.

윤찬이는 이들의 말과 행동을 보며 놀부는 못된 **마음**을, 흥부는 착한 마음을 가진 인물이라는 것을 알게 되었어요.

다음 글을 읽으며, 빈칸에 들어갈 낱말을 따라 써 보세요.

이야기 속에는 내용을 이끌어 가는 (1)[인물]들이 나와요. 그 인물들은 대부분 사람이지만 동물이나 식물이 사람처럼 표현되기도 하지요. 이야기에서 가장 중심이 되는 인물은 주인공이라고 불러요. 이 외에도 주인공을 돕거나 괴롭히는 인물이 나올 수 있어요. 인물들의 특징을 잘 파악하면 이야기를 더 잘 이해하고 재미있게 읽을 수 있어요.

인물의 특징을 파악하려면 먼저 인물이 하는 (2)[말]과 행동을 살펴보아야 해요. 이야기에서 인물은 자기 생각을 말하거나, 생각이나 느낌을 (3)[행동]으로 표현해요. 이를 통해 우리는 인물의 생각이 어떠한지, 어떤 (4)[마음]을 품고 있는지 알 수 있어요. 또한, (5)[생김새]를 통해서도 인물의 특징을 알 수 있어요. 예를 들어 인물의 표정이나 입고 있는 옷 등이 표현된 부분을 통해서도 인물의 특징을 찾아낼 수 있지요.

낱말밭 사전

확인 ☑

* **인물** 일정한 상황에서 어떤 역할을 하는 사람. ☐

* **생김새** 생긴 모양. ☐

* **행동** 몸을 움직여 어떤 짓을 하거나 일을 하는 것. ☐

* **말** 어떤 생각이나 느낌을 표현하고 전달하기 위해 사람이 입 밖으로 내는 소리. ☐

* **마음** 깨닫거나 생각하거나 느끼는 등의 정신 활동을 하는 사람의 속. ☐

국어 주제 03 낱말밭 일일학습

1단계 확인과 적용

01 다음 낱말의 뜻으로 알맞은 것을 보기에서 찾아 기호를 쓰세요.

보기
㉠ 생긴 모양.
㉡ 몸을 움직여 어떤 짓을 하거나 일을 하는 것.

(1) 행동 (   )   (2) 생김새 (   )

02 다음 빈칸에 들어갈 낱말로 알맞은 것을 찾아 선으로 이으세요.

(1) 내 동생은 쉬지 않고 [   ]을/를 하는 수
다쟁이이다.   · ㉠ 말

(2) 선생님께서는 착한 [   ]을/를 가진 사람
이 되라고 말씀하셨다.   · ㉡ 인물

(3) 그 이야기는 [   ]들이 한곳에 모여서 다
툼을 벌이는 내용이다.   · ㉢ 마음

03 다음 중 밑줄 친 낱말이 바르게 사용된 것을 찾아 ○표 하세요.

① 짝꿍은 올바른 생김새를 갖고 있어서 늘 좋은 일에 앞장선다. (   )

② 잘못을 저질렀을 때는 솔직한 말과 예의 바른 태도가 필요하다.
(   )

04 다음 중 밑줄 친 낱말을 바르게 사용하여 말한 친구의 이름을 쓰세요.

재용: 그 이야기에는 너무 많은 인물이 나와서 내용을 이해하기 어려워.

연지: 어제 본 드라마에서는 주인공인 석두라는 행동이 중요한 역할을 하고 있었어.

(   )

05 다음 빈칸에 들어갈 낱말로 알맞은 것은 무엇인가요? (   )

> 진주는 집으로 돌아오는 길에 비를 맞아 떨고 있던 강아지를 안아 주고 있는 친구를 보았어요. 그 친구가 강아지를 따뜻하게 돌봐주는 모습을 보고 진주는 크게 감동했어요. 그리고 진주도 그 친구처럼 따뜻하고 다정한 ☐☐을/를 가져야겠다고 결심했어요.

① 말   ② 마음   ③ 인물   ④ 행동   ⑤ 생김새

06 다음 ㉠과 ㉡에 들어갈 알맞은 낱말을 보기에서 찾아 쓰세요.

보기
말   행동

> '발 없는 말이 천 리 간다'라는 속담이 있어요. 말이란 순식간에 멀리까지 퍼질 수 있기 때문에 조심해야 한다는 뜻이지요. 그래서 우리는 ㉠ 하기 전에 늘 생각을 많이 해야 해요. 또한 ㉡ 할 때도 주의해야 해요. 별다른 생각 없이 한 내 몸짓이나 표정 때문에 다른 사람이 상처받을 수 있기 때문이지요.

(1) ㉠: (   ) (2) ㉡: (   )

2단계 활용

07 다음 보기와 같이 주어진 낱말을 넣어 짧은 문장을 만들어 쓰세요.

보기
말

✎ 내 짝꿍은 참 말이 많은 친구이다.

(1) 인물

✎ --

(2) 생김새

✎ --

감각을 표현하는 말에는 무엇이 있을까?

안개가 **뿌옇게** 낀 어느 날, 아이는 어디선가 나는 맛있는 냄새를 맡고 그 냄새를 따라갔어요.

뿌옇다

숲속에 도착한 아이는 나무에 가득 달린 산딸기를 보았어요. 산딸기를 따서 입에 넣자 그 맛이 아주 **달콤했지요.**

달콤하다

감각

어느 시골 마을에 냄새를 맡는 **감각**이 뛰어난 아이가 살았어요.

말랑하다

아이는 옆의 복숭아나무에서 나는 달콤한 냄새도 맡았어요. 잘 익은 **말랑한** 복숭아도 따서 맛있게 먹었지요.

시끄럽다

그때 갑자기 어디선가 **시끄러운** 소리가 났어요. 벌떼였어요! 놀란 아이는 부리나케 집으로 도망을 쳤답니다.

다음 글을 읽으며, 빈칸에 들어갈 낱말을 따라 써 보세요.

우리는 살아가면서 여러 가지 ⁽¹⁾감각 을 느끼게 되어요. 보고, 듣고, 냄새 맡고, 맛보고, 느끼는 것들이죠. 우리 몸의 감각 기관을 통해 이러한 다양한 감각을 경험할 수 있어요.

먼저, 무언가를 볼 수 있는 눈을 생각해 볼까요? 우리는 눈으로 밝은 빛, 밤하늘의 별, 안개가 ⁽²⁾뿌옇게 낀 모습 등을 볼 수 있지요. 다음으로 냄새를 맡는 코도 있어요. 고소한 과자의 냄새, 향기로운 꽃의 향기를 코로 맡을 수 있지요. 또한 두 귀가 있어서 사람들이 왁자지껄 떠드는 소리, 천둥이 치는 ⁽³⁾시끄러운 소리 등을 들을 수 있어요. 그리고 입속의 혀로는 소금의 짠맛, 약의 쓴맛, 설탕의 ⁽⁴⁾달콤한 맛 등을 느낄 수 있지요. 마지막으로, 피부로는 나무껍질처럼 단단하고 거친 느낌, 찹쌀떡처럼 ⁽⁵⁾말랑한 느낌 등을 느낄 수 있어요.

낱말밭 사전

확인 ☑

＊ **감각** 눈, 코, 귀, 혀, 살갗을 통하여 바깥의 어떤 자극을 알아차림. ☐

＊ **뿌옇다** 연기나 안개가 낀 것처럼 선명하지 못하고 좀 허옇다. ☐

＊ **달콤하다** 음식물이 입에 당기는 맛이 있게 달다. ☐

＊ **말랑하다** 야들야들하게 보드랍고 무르다. ☐

＊ **시끄럽다** 듣기 싫게 떠들썩하다. ☐

 확인과 적용

01 다음 뜻을 가진 낱말을 보기에서 찾아 쓰세요.

> 보기
>
> | 감각 | 시끄럽다 | 달콤하다 |
> |------|----------|----------|

(1) 듣기 싫게 떠들썩하다. ( )

(2) 음식물이 입에 당기는 맛이 있게 달다. ( )

(3) 눈, 코, 귀, 혀, 살갗을 통하여 바깥의 어떤 자극을 알아차림. ( )

02 다음 대화의 빈칸에 들어갈 알맞은 낱말에 ○표 하세요.

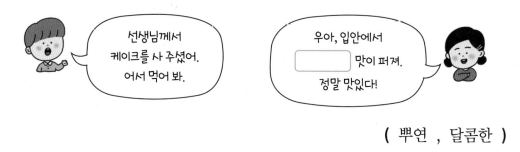

(뿌연 , 달콤한)

03 다음 문장에 어울리는 낱말을 찾아 ○표 하세요.

(1) 자동차가 달리자, 도로가 (시끄럽게 , 뿌옇게) 연기로 뒤덮였다.

(2) 가을에 감나무에 달린 홍시를 만졌을 때 (말랑하고 , 달콤하고) 보드라웠다.

(3) 차가운 얼음을 맨손으로 계속 만졌더니 손에 (감각 , 분위기)이/가 느껴지지 않았다.

04 다음 빈칸에 들어갈 낱말로 알맞은 것은 무엇인가요? ( )

> 할아버지께서는 눈앞이 [   ] 보인다고 하셨다.

① 뿌옇게   ② 조용하게   ③ 말랑하게   ④ 달콤하게   ⑤ 시끄럽게

05 다음 밑줄 친 낱말의 뜻으로 알맞은 것을 보기에서 찾아 기호를 쓰세요.

> **보기**
> ㉠ 야들야들하게 보드랍고 무르고.
> ㉡ 연기나 안개가 낀 것처럼 선명하지 못하고 좀 허옇고.

> 유나에게
> 안녕? 나 수지야. 네가 직접 만든 베개를 선물해 줘서 정말 고마워. 베개가 <u>말랑하고</u> 폭신해서 베고 자기에 참 좋아. 오래오래 잘 사용할게.

(   )

06 다음 밑줄 친 낱말과 같은 낱말이 들어갈 문장에 ○표 하세요.

> 요즘 학교 앞 도로에서 공사를 해서 수업 시간에 <u>시끄럽다</u>.

① 추운 바깥 날씨와 따뜻한 버스 안의 온도 차로 유리에 김이 서려서 [   ].

(   )

② 선거가 얼마 남지 않아서 거리마다 선거 운동을 하는 사람들의 외치는 소리로 [   ]. (   )

2단계   **활용**

07 다음 문장의 빈칸에 들어갈 낱말을 보기에서 찾아 쓰고, 완성한 문장을 그대로 따라 써 보세요.

> **보기**
> 달콤한   말랑하다   시끄러운   뿌옇다

(1) 나는 (   ) 초콜릿을 무척 좋아한다.

✎ --

(2) 선물로 받은 곰 인형이 정말 보들보들하고 (   ).

✎ --

01 다음 빈칸에 들어갈 알맞은 낱말을 보기 에서 찾아 쓰세요.

> **보기**
>
> 취미   나이   행동   뿌옇게

(1) 자동차가 흙길을 달리자 (   ) 먼지가 일었다.

(2) 우리 언니의 (   )은/는 나보다 세 살이 더 많다.

(3) 웃어른 앞에서는 항상 예의 있게 (   )해야 한다.

(4) 이모의 (   )은/는 세계 여러 나라의 우표를 모으는 것이다.

02 다음 중 밑줄 친 낱말이 바르게 사용된 것을 찾아 ○표 하세요.

① 나의 성격은 뛰어난 축구 선수가 되는 것이다. (   )

② 그 동화는 읽는 내내 오싹하고 스산한 분위기가 느껴졌다. (   )

③ 언니는 스케이트를 처음 탔는데도, 균형 행동이 좋아서 넘어지지 않았다.

(   )

03 다음 중 밑줄 친 낱말을 바르게 사용하여 말한 친구의 이름을 쓰세요.

선생님께서 시를 낭송하시는 모습이 정말 아름다웠어.

하준

복도에서 장난치거나 뛰는 말은 다칠 수 있으니 하지 말아야 해.

수희

(   )

04 다음 빈칸에 들어갈 낱말로 알맞은 것은 무엇인가요? (   )

> 착한 [   ]을/를 가진 왕자는 자신이 가진 것을 굶주림에 고통받는 사람들에게 모두 나누어 주었다.

① 시   ② 마음   ③ 소개   ④ 감각   ⑤ 취미

정답 및 해설 8쪽

05 다음 ㉠~㉢ 중 문장에 바르게 사용된 낱말을 두 가지 찾아 기호를 쓰세요.

> **도서관 이용 안내**
>
> • 같이 온 사람과 ㉠시끄럽게 떠들지 말아 주세요.
> • 전화 통화를 ㉡낭송할 때는 밖으로 나가 주세요.
> • 앉거나 일어설 때 의자를 끄는 ㉢행동을 하지 말아 주세요.

(,)

06 다음 ㉠과 ㉡에 들어갈 알맞은 낱말을 바르게 짝 지은 것은 무엇인가요?

( )

> 구름 같은 솜사탕
> 한입 베어 물면 사르르
> 달콤한 구름 속에 풍당
>
> 거품 같은 솜사탕
> 한입 베어 물면 스르르
> 폭신한 거품 안에 풍당

이 시는 2 ㉠
6 ㉡ 으로
이루어져 있어.

① ㉠: 말 - ㉡: 꿈   ② ㉠: 연 - ㉡: 행   ③ ㉠: 행 - ㉡: 말

④ ㉠: 행 - ㉡: 연   ⑤ ㉠: 꿈 - ㉡: 연

07 다음에서 설명하는 내용은 무엇인지, 빈칸에 들어갈 낱말을 글에서 찾아 두 글자로 쓰세요.

> 이야기 속에는 다양한 인물이 등장해요. 이들은 이야기 속에서 각자의 역할을 맡고 있어요. 주인공이 있으며, 사건을 일으키는 인물도 있지요. 또한 주인공을 도와서 사건을 해결하는 인물도 있어요. 이러한 인물들은 서로 얽히며 이야기를 만들어 나가요.

→ 이야기 속 ( )의 다양한 역할

[08~10] 다음 글을 읽고, 물음에 답하세요.

세영이의 꿈

세영이는 어른이 되어 인형을 만드는 디자이너가 되는 것이 ㉠소망이었어요. 그래서 세영이는 집에서 어머니께서 사용하시고 남은 천으로 인형을 만들곤 했어요. 세영이가 만드는 인형은 사람, 동물, 식물 등 ㉡ 도 다양했어요. 세영이는 인형을 만들 때마다 친구들에게 자랑했어요. 친구들은 모두 세영이의 인형이 예쁘다며 갖고 싶어 했지만 세영이는 아무에게도 인형을 주지 않았어요. 그저 집에 쌓여 있는 인형들을 보며 뿌듯해했지요.

그러던 어느 날, 잠이 들었던 세영이는 인형들이 자신을 괴롭히는 꿈을 꾸었어요. 인형들은 세영이의 팔과 다리를 잡아당기며 심심하다고 떼를 썼어요. 꿈에서 깬 세영이는 문득 이런 생각이 들었어요.

'인형들을 친구들과 나누면 친구들도 행복하고 인형들도 심심하지 않겠지?'

아침이 되자마자 세영이는 인형들을 가방에 넣어 친구들에게 가져갔어요. 원하는 친구들에게 인형을 하나씩 선물해 주었지요. 인형을 받고 기뻐하는 친구들을 보며 세영이는 덩달아 행복한 마음이 들었어요. 그리고 인형들도 세영이와 친구들을 보며 웃고 있는 듯한 느낌이 들었답니다.

08 ㉠과 뜻이 비슷한 낱말은 무엇인가요? (   )

① 꿈   ② 성격   ③ 취미   ④ 낭송   ⑤ 마음

09 ㉡에 들어갈 알맞은 낱말에 ○표 하세요.

말	성격	행동	생김새

10 다음은 이 글을 쓴 글쓴이의 생각입니다. 빈칸에 들어갈 알맞은 낱말은 무엇인가요? (   )

다른 사람과 가진 것을 나누면 행복한 [   ]이/가 생긴다.

① 말   ② 나이   ③ 마음   ④ 취미   ⑤ 감각

디지털 속 한 문장

정답 및 해설 8쪽

다음을 보고, **소개**라는 낱말을 넣어 자신을 소개하는 글을 써 보세요.

#자기소개

안녕하세요? 저에 대해 소개할게요. 제 이름은 임태리예요. 저는 초등학교 2학년이에요. 제 꿈은 선생님이 되는 것이에요. 그리고 저의 취미는 그림 그리기예요.

국어

05~08

주제별로 묶어 어휘를 의미적으로 연결하여 학습해 봐!

토끼는 글자를 가르쳐 줄 친구를 구한다는 내용의 **광고**를 그림으로 그려서 집 앞에 붙였어요.

광 고

토끼의 광고를 본 여우는 글을 잘 읽고 쓰는 원숭이에게 토끼의 이야기를 담아 **편지**를 썼어요.

편 지

글

어느 숲속에 글자를 몰라서 **글**을 읽지도 쓰지도 못하는 토끼가 살았어요.

초 대 장

편지를 읽은 원숭이는 토끼에게 글자를 배우러 오라는 내용과 자신의 집에 오는 길이 그려진 **초대장**을 보냈어요.

일 기

토끼는 원숭이에게 가서 글자를 배웠어요. 그리고 집으로 가서 글자를 알게 된 기쁜 마음을 담아 **일기**를 썼어요.

다음 글을 읽으며, 빈칸에 들어갈 낱말을 따라 써 보세요.

우리는 일상생활에서 다양한 종류의 글을 읽고 써요. (1) 글 을 통해 다른 사람과 소통하고, 지식이나 정보를 주고받기도 하지요.

예를 들어, 누군가에게 안부를 전하거나 새로운 소식을 전할 때는 (2) 편지 를 써요. 또 하루 동안 겪은 일과 그때 느꼈던 생각이나 감정을 나타내는 (3) 일기 도 쓰지요. 만약 모임이나 결혼식 등에서 다른 사람을 초대할 일이 있다면 (4) 초대장 을 쓸 수 있어요.

그리고 다양한 정보를 여러 사람에게 알리고자 할 때는 (5) 광고 를 쓰기도 해요.

글을 쓸 때는 글의 목적에 맞는 종류를 선택하여 적절하게 사용하는 것이 중요해요. 그래야 자신이 글을 통해 전달하고자 하는 내용을 효과적으로 전할 수 있기 때문이에요.

낱말밭 사전

확인 ✓

* **글** 생각이나 일 등의 내용을 글자로 나타낸 기록. ☐

* **광고** 사람들에게 널리 알리는 것. 또는 그런 글이나 그림. ☐

* **편지** 안부나 소식 등을 적어 보내는 글. ☐

* **초대장** 어떤 자리나 모임에 초대하는 뜻을 적어서 보내는 편지. ☐

* **일기** 날마다 그날그날 겪은 일이나 생각, 느낌 등을 적는 개인의 기록. ☐

01 다음 낱말의 뜻으로 알맞은 것을 찾아 선으로 이으세요.

(1) 글 ·

(2) 일기 ·

(3) 광고 ·

· ㉠ 생각이나 일 등의 내용을 글자로 나타낸 기록.

· ㉡ 사람들에게 널리 알리는 것. 또는 그런 글이나 그림.

· ㉢ 날마다 그날그날 겪은 일이나 생각, 느낌 등을 적는 개인의 기록.

02 다음 빈칸에 들어갈 알맞은 낱말을 보기에서 찾아 쓰세요.

보기

| 편지 | 광고 | 초대장 |

(1) 동생은 새로 나온 아이스크림 ( )을/를 읽으며 침을 꿀꺽 삼켰다.

(2) 외국에 간 삼촌이 보낸 ( )에는 가족에 대한 그리움이 잘 담겨 있었다.

03 다음 중 '일기'를 바르게 사용한 것을 찾아 ○표 하세요.

① 나는 학교에서 열리는 운동회에 부모님을 초대하기 위해 일기를 썼다.

( )

② 선생님께서는 여름 방학 동안 일기를 한꺼번에 쓴 친구들을 꾸짖으셨다.

( )

04 다음 중 밑줄 친 낱말을 바르게 사용하여 말한 친구의 이름을 쓰세요.

동생은 나에게 대들어서 미안하다는 내용의 광고를 써서 주었어.
하율

우리 집 우편함에 누가 보냈는지 모를 편지가 꽂혀 있었어.
찬우

( )

05 다음 빈칸에 들어갈 낱말로 알맞은 것을 찾아 ○표 하세요.

> 다연이는 전학 온 친구를 집으로 초대하기로 했어요. 그래서 친구에게 줄 ☐☐☐도 직접 만들었지요. 색 도화지를 반으로 접어서 안쪽에 초대 내용을 쓰고, 다연이네 집으로 오는 길이 그려진 그림도 넣었어요.

(일기 , 초대장)

06 다음 빈칸에 공통으로 들어갈 알맞은 낱말을 **보기**에서 찾아 쓰세요.

보기

> 일기   광고

> ☐☐☐는 새로 나온 물건을 팔기 위한 목적으로 만들기도 해요. 사람들이 그 물건을 사고 싶어지도록 다양한 글과 그림, 영상을 넣지요. 그래서 ☐☐☐를 볼 때는 그 물건이 꼭 필요한지 여러 번 생각해 보는 것이 좋아요. 그렇게 해야 필요하지 않은 물건을 사지 않을 수 있답니다.

(   )

2단계 활용 ~~~~~~~~~~~~~~~~~~~~~~~~

07 다음 **보기**와 같이 주어진 낱말을 넣어 짧은 문장을 만들어 쓰세요.

보기

> 일기
>
> ✎ 엄마께서는 그날 겪은 일 중 가장 기뻤던 내용을 담아 일기를 쓰신다.

(1) 편지

✎ --

(2) 초대장

✎ --

유나네 가족이 여행할 장소는 부여예요. 아버지께서는 세 밤을 자고 오는 **나흘**간의 여행을 계획하셨어요.

나 흘

유나네 가족은 여행을 가기 **보름** 전부터 준비를 시작했어요. 15일 동안 계획을 세우고 물건을 챙겨 두었지요.

보 름

날 짜

유나네 가족은 여행을 가기 위해 **날짜**를 정했어요.

이 튼 날

드디어 여행이 시작되었어요. 첫날에는 삼천궁녀가 뛰어내린 낙화암을 구경했고, **이튼날**에는 박물관에 갔어요.

사 흘

여행 **사흘**째 되던 날 저녁, 유나네 가족은 궁남지 주변을 산책하며 여행의 마지막 밤을 아쉬워했어요.

다음 글을 읽으며, 빈칸에 들어갈 낱말을 따라 써 보세요.

　　현장 체험 학습을 가는 날이나 방학이 시작되는 날을 손꼽아 기다려 본 적이 있지요? 아마 그날이 되기 전에 얼마나 남았는지 3일 전, 2일 전, 1일 전과 같이 ⁽¹⁾ 날 짜 로 세어 본 적도 있을 거예요. 날짜를 세는 낱말은 순우리말에도 있어요. 1일은 '하루', 2일은 '이틀', 3일은 ⁽²⁾' 사 흘 ', 4일은 ⁽³⁾' 나 흘 '이라고 말할 수 있어요. 그리고 15일은 '보름'이라는 말로도 나타낼 수 있어요. 예를 들어 '여행을 가려면 15일은 더 기다려야 한다.'라고 말하고 싶다면 '여행을 가려면 ⁽⁴⁾' 보 름 '은 더 기다려야 한다.'와 같이 말할 수도 있지요.

　　또한 날짜는 오늘을 기준으로 부르기도 해요. 오늘의 바로 전날은 '어제', 오늘의 바로 다음 날은 '내일'이라고 하며, 어떤 일이 일어난 후 그다음의 날은 ⁽⁵⁾' 이 튼 날 '이라고 한답니다.

낱말밭 사전

확인 ☑

* **날짜**　① 어느 날이라고 정한 날. ② 일정한 일을 하는 데 걸리는 날의 수.　☐

* **나흘**　네 날. 4일.　☐

* **보름**　열닷새 동안. 15일 동안.　☐

* **이튿날**　어떤 일이 있은 그다음의 날.　☐

* **사흘**　세 날. 3일.　☐

 1단계 확인과 적용 〜〜〜〜〜〜〜〜〜〜〜〜〜〜〜〜〜〜〜〜

01 다음 낱말의 뜻으로 알맞은 것을 **보기**에서 찾아 기호를 쓰세요.

> **보기**
> ㉠ 네 날.
> ㉡ 어느 날이라고 정한 날.
> ㉢ 어떤 일이 있은 그다음의 날.

(1) 날짜 (   )　　　(2) 나흘 (   )　　　(3) 이튿날 (   )

02 다음 문장에 어울리는 낱말을 찾아 ◯표 하세요.

(1) 우리 가족은 수요일부터 금요일까지 (나흘 , 사흘) 동안 여행을 했다.

(2) 형은 그 두꺼운 책을 읽는 데 (보름 , 날짜)밖에 걸리지 않았다고 했다.

(3) 밤새 끙끙 앓던 강아지가 (날짜 , 이튿날)에는 많이 나아져서 밥을 먹었다.

03 다음 대화의 빈칸에 들어갈 알맞은 낱말에 ◯표 하세요.

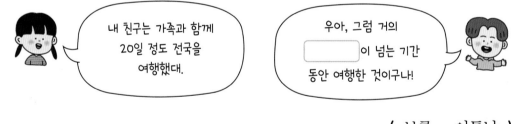

내 친구는 가족과 함께 20일 정도 전국을 여행했대.

우아, 그럼 거의 [   ]이 넘는 기간 동안 여행한 것이구나!

(보름 , 이튿날)

04 다음 첫 자음자를 보고, 빈칸에 들어갈 알맞은 낱말을 쓰세요.

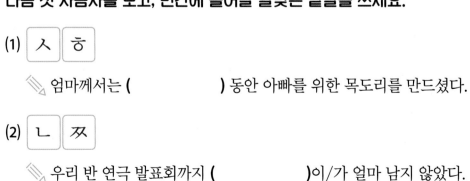

(1) ［ ㅅ ］［ ㅎ ］

✎ 엄마께서는 (   ) 동안 아빠를 위한 목도리를 만드셨다.

(2) ［ ㄴ ］［ ㅉ ］

✎ 우리 반 연극 발표회까지 (   )이/가 얼마 남지 않았다.

05 다음 빈칸에 공통으로 들어갈 낱말로 알맞은 것은 무엇인가요? (   )

> 삼촌, 안녕하세요? 삼촌이 유학을 떠나신 날부터 ☐☐☐을/를 세어 보니 벌써 100일이 넘었더라고요. 학교생활은 즐거우신가요? 아빠께서 겨울 방학 때 삼촌을 보러 가자고 하셨어요. 저는 요즘 매일 ☐☐☐을/를 세며 겨울 방학만 기다리고 있어요. 어서 빨리 삼촌을 만나러 가고 싶어요.

① 날짜   ② 사흘   ③ 나흘   ④ 보름   ⑤ 이튿날

06 다음 밑줄 친 낱말의 뜻으로 알맞은 것을 **보기**에서 찾아 기호를 쓰세요.

> **보기**
> ㉠ 열닷새 동안.   ㉡ 어떤 일이 있은 그다음의 날.

> 서진이는 밤새 내리는 빗소리 때문에 잠을 잘 수 없었어요. 하늘에 구멍이라도 난 것처럼 굵은 비가 밤새도록 내렸지요. 그런데 이튿날 아침이 되자 언제 비가 왔냐는 듯 맑은 하늘에 무지개가 둥실 떠 있었어요. 서진이는 예쁜 무지개를 보면서 비가 내렸던 것이 마치 거짓말처럼 느껴졌지요.

(   )

2단계 활용 〰〰〰〰〰〰〰〰〰〰〰〰〰〰〰〰〰〰〰〰〰〰〰〰〰〰〰〰〰〰

07 다음 **보기**와 같이 주어진 낱말을 넣어 짧은 문장을 만들어 쓰세요.

> **보기**
> 사흘
> ✎ 나는 잃어버린 지갑을 사흘 만에 다시 찾았다.

(1) 나흘

✎ --

(2) 보름

✎ --

오늘 아침, 일찍 일어난 나에게 부모님께서 강아지를 키우기로 **결정**하셨다고 말씀하셨어요.

결 정

나는 너무 기뻐서 심장이 두근두근 뛰었어요. 강아지와 함께 살 생각을 하니 너무 설레고 **기대**가 되었어요.

기 대

생 각

우리는 늘 집에서 강아지를 키우고 싶다고 **생각**했어요. 하지만 부모님께서는 반대하셨어요.

짐 작

동생은 자고 있어서 아직 이 소식을 듣지 못했어요. 하지만 나는 동생이 정말 기뻐할 것이라고 **짐작**할 수 있었지요.

느 낌

우리는 오후에 강아지를 데려오기로 했어요. 강아지와 함께하는 시간이 행복할 것이라는 **느낌**이 들어요.

다음 글을 읽으며, 빈칸에 들어갈 낱말을 따라 써 보세요.

우리 머릿속에서는 늘 많은 ⁽¹⁾ 생각 이 떠올라요. 예를 들어, 무언가를 ⁽²⁾ 결정 하는 생각을 해요. 오늘 점심으로 무엇을 먹을지 혹은 주말에 누구와 만날지 등을 생각하여 결정할 수 있지요. 또, 어떤 일에 대해 ⁽³⁾ 기대 할 수 있어요. 곧 여행을 떠난다면, 재미있고 행복한 여행에 대해 바라는 점 등을 생각하는 것이지요. 그리고 우리는 무언가를 ⁽⁴⁾ 짐작 해 볼 수도 있어요. 상황이나 분위기 등을 통해서 어떤 물건이나 일에 관한 판단을 내려 보는 것이에요. 엄마에게 혼이 난 동생의 마음이 어떠할지 짐작해 볼 수 있지요. 마지막으로, 우리는 모든 것에 대해 ⁽⁵⁾ 느낌 을 가질 수 있어요. 몸의 감각이나 마음으로 어떤 감정이나 기분을 느끼는 것이지요. 음악을 듣고 좋은 기분을 느끼거나, 꽃의 향기를 맡고 향기롭다고 느낄 수 있어요. 이렇게 우리의 머릿속에서는 아주 다양한 생각이 이루어진답니다.

낱말밭 사전

확인 ✓

* **생각** 머릿속으로 헤아리거나 판단하거나 인식하는 것. ☐

* **결정** 무슨 일을 어떻게 하기로 정하는 것. ☐

* **기대** 어떤 일이 원하는 대로 이루어지기를 바라면서 기다림. ☐

* **짐작** 사정이나 형편 등을 대강 알아차리는 것. ☐

* **느낌** 몸의 감각이나 마음으로 깨달아 아는 기운이나 감정. ☐

 1단계 **확인과 적용** ～～～～～～～～～～～～～～～～～～

01 다음 낱말의 뜻으로 알맞은 것을 찾아 선으로 이으세요.

(1) 생각 •

(2) 결정 •

• ㉠ 무슨 일을 어떻게 하기로 정하는 것.

• ㉡ 머릿속으로 헤아리거나 판단하거나 인식하는 것.

02 다음 빈칸에 들어갈 낱말로 알맞은 것은 무엇인가요? (　　　　)

> 나는 짝꿍이 나에게 화를 내는 까닭을 　　　　하지 못했다.

① 결정　　　　② 기대　　　　③ 행동　　　　④ 짐작　　　　⑤ 소개

03 다음 대화의 빈칸에 들어갈 알맞은 낱말에 ○표 하세요.

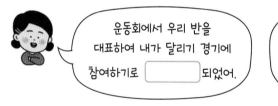
운동회에서 우리 반을 대표하여 내가 달리기 경기에 참여하기로 　　　　되었어.

네 덕분에 우리 반이 달리기 경기에서 1등을 할 수 있을 것 같은 느낌이 들어.

(기대 , 결정)

04 다음 빈칸에 들어갈 낱말을 **보기**에 있는 글자 카드로 만들어 쓰세요.

보기

| 낌 | 기 | 정 | 대 | 느 | 결 |

(1) 선생님께서 짝을 바꾸기로 (　　　　　　)하시자 아이들이 기뻐했다.

(2) 나는 다음 주에 있을 현장 체험 학습을 매우 (　　　　　　)하고 있다.

(3) 어릴 때 찍은 가족사진을 보니 마음이 따뜻해지는 (　　　　　　)이/가 들었다.

05 다음 ㉠과 ㉡에 들어갈 알맞은 낱말을 보기에서 찾아 쓰세요.

> **보기**
>
> | 기대 | 느낌 |

> 설이는 아침에 눈을 뜨자 상쾌한 [㉠]이/가 들었어요. 오늘은 소풍 가는 날이에요. 부모님께서는 맛있게 만드신 도시락을 챙기셨고, 설이는 예쁜 옷을 꺼내 입었어요. 설이는 가족들과 함께하는 소풍이 무척이나 [㉡]이/가 되었어요.

(1) ㉠: (   )   (2) ㉡: (   )

06 다음 밑줄 친 낱말과 같은 낱말이 들어갈 문장에 ○표 하세요.

> 일기에는 그날 느낀 글쓴이의 <u>생각</u>과 감정이 잘 드러나 있다.

① 우리 가족은 오랜 [   ] 끝에 해외여행을 가기로 했다. (   )

② 내 동생은 어려서부터 똑똑해서 주위의 [   ]을 한 몸에 받고 자랐다.
(   )

2단계   활용

07 다음 보기와 같이 주어진 낱말을 넣어 짧은 문장을 만들어 쓰세요.

> **보기**
>
> [결정]
>
> ✎ 오늘 저녁에 가족이 함께 밖에서 식사하기로 <u>결정</u>했다.

(1) [짐작]

✎ --

(2) [기대]

✎ --

이안이는 발레 공연을 보기 전에 발레에 대해 미리 **조사**했어요. 발레가 시작된 때, 발전해 온 과정 등을 찾아보았지요.

조 사

이안이는 발레에 대해 조사한 내용을 책이나 인터넷에서 찾아본 정보, 사진, 그림별로 **정리**했어요.

정 리

설 명

이안이는 발레 공연을 보고, 반 친구들에게 발레에 대해 **설명**해 주기로 하였지요.

이 해

발레 공연 당일, 이안이는 공연을 보면서 미리 조사했던 내용을 떠올렸어요. 덕분에 발레 공연이 더 잘 **이해**되었지요.

준 비

이안이는 공연을 보며 느낀 점과 미리 조사했던 내용을 친구들에게 설명해 주기 위해 자료를 만들어 **준비**했어요.

다음 글을 읽으며, 빈칸에 들어갈 낱말을 따라 써 보세요.

우리가 토마토를 기르는 방법을 다른 사람에게 ⁽¹⁾설 명 하려면 어떻게 해야 할까요? 우선, 토마토를 기르는 방법에 대해 우리가 직접 잘 알고 있어야 해요. 그래야 다른 사람이 ⁽²⁾이 해 하기 쉽게 설명해 줄 수 있기 때문이에요.

토마토를 기르는 방법을 알기 위해서 먼저 토마토를 기를 때 필요한 것이 무엇인지 ⁽³⁾조 사 해야 해요. 예를 들어, 미리 ⁽⁴⁾준 비 해야 하는 재료가 무엇인지, 토마토가 잘 자랄 수 있는 환경은 어떠해야 하는지를 조사할 수 있어요. 또는 물을 줘야 하는 시기나 기를 때 주의할 점 등을 조사해 볼 수도 있지요. 실제로 토마토를 길러 본다면 그 과정을 더욱 정확히 알 수 있어요. 토마토를 기르면서 변화해가는 토마토의 모양이나 색깔, 크기 등을 매일 기록하여 ⁽⁵⁾정 리 해 둔다면 토마토를 기르는 방법을 설명하는 데 도움이 될 거예요.

이렇게 실제 경험한 내용과 조사한 내용들을 바탕으로 토마토를 기르는 방법을 설명한다면 듣는 사람이 잘 이해할 수 있을 거예요.

낱말밭 사전

확인 ✓

* **설명** 어떤 일이나 대상의 내용을 상대편이 잘 알 수 있도록 밝혀 말함. ☐

* **조사** 어떤 내용을 정확히 알기 위하여 자세히 살펴보거나 찾아봄. ☐

* **정리** ① 체계적으로 분류하고 종합함. ② 흐트러지거나 어지러운 것을 가지런하고 바르게 함. ☐

* **이해** 깨달아 앎. 또는 잘 알아서 받아들임. ☐

* **준비** 앞으로 해야 할 일에 필요한 것을 미리 갖추는 것. ☐

확인과 적용

01 다음 뜻을 가진 낱말을 보기에서 찾아 쓰세요.

> **보기**
>
> 설명   이해

(1) 깨달아 앎. (   )

(2) 어떤 일이나 대상의 내용을 상대편이 잘 알 수 있도록 밝혀 말함.

(   )

02 다음 빈칸에 들어갈 낱말로 알맞은 것을 찾아 선으로 이으세요.

(1) 동생은 만들기가 끝나자 주변을 깨끗이 [   ]했다.

• ㉠ 이해

(2) 경찰은 범인을 찾기 위해 주변 사람들을 [   ]했다.

• ㉡ 정리

(3) 우리는 사이좋게 지내라는 선생님의 말씀을 잘 [   ]했다.

• ㉢ 조사

03 다음 중 밑줄 친 낱말을 바르게 사용하여 말한 친구의 이름을 쓰세요.

지민: 오빠는 장난감을 종류별로 정리했어.

태훈: 아빠께서는 새로 산 청소기를 사용하는 방법을 나에게 준비하셨어.

(   )

04 다음 중 '준비'를 바르게 사용한 것을 찾아 ○표 하세요.

① 비행장에는 항상 여러 대의 비행기가 땅에서 날아가기 위해 준비를 하고 있다. (   )

② 나는 책상 서랍을 준비하다가 뜯어보지도 않은 채 넣어 두었던 편지를 발견했다. (   )

05 다음 밑줄 친 낱말의 뜻으로 알맞은 것을 보기에서 찾아 기호를 쓰세요.

> **보기**
>
> ㉠ 깨달아 앎. 또는 잘 알아서 받아들임.
> ㉡ 어떤 내용을 정확히 알기 위하여 자세히 살펴보거나 찾아봄.

> 부모님께서는 자녀들에게 도움이 되는 말을 해 주십니다. "친구들과 사이좋게 지내야 해.", "음식을 골고루 먹어야 해."와 같은 말들을 해 주시지요. 자녀들은 이러한 말들을 잔소리가 아니라 사랑의 표현으로 이해해야 해요. 그래야 서로에 대한 믿음도 강해지게 되고, 행복하게 지낼 수 있어요.

(   )

06 다음 빈칸에 들어갈 낱말로 알맞은 것은 무엇인가요? (   )

> 안녕하세요? '능률초등학교 2학년 2반 학생들이 가장 좋아하는 가수'에 대해 알아보기 위해 [   ]을/를 진행하고자 합니다. 이 설문지 안에 있는 질문들에 답을 쓰신 후 교실에 설치해 둔 상자에 넣어 주세요.

① 정리   ② 이해   ③ 조사   ④ 설명   ⑤ 준비

2단계 **활용**

07 다음 문장의 빈칸에 들어갈 낱말을 보기에서 찾아 쓰고, 완성한 문장을 그대로 따라 써 보세요.

> **보기**
>
> 준비   설명

(1) 내일 학교에 가져갈 학용품을 미리 (   )해 두었다.

✎ _____

(2) 선생님께서는 어려운 문제를 알기 쉽게 (   )해 주셨다.

✎ _____

01 다음 빈칸에 들어갈 낱말을 보기에 있는 글자 카드로 만들어 쓰세요.

> **보기**
>
> 느   름   광   낌   보   고

(1) 우리 가족은 (   ) 동안 부산 곳곳을 여행하였다.

(2) 나는 머리가 아프고 가슴이 갑갑한 (   )이/가 들어서 병원을 갔다.

(3) 계획 없이 (   )만 보고 물건을 바로 사는 것은 좋지 않은 소비 습관이다.

02 다음 문장에 어울리는 낱말을 찾아 ○표 하세요.

(1) 학급 회의 시간에 열린 회장 선거에서 수진이가 회장으로 (생각 , 결정)되었다.

(2) 우리는 강낭콩의 성장 과정을 관찰한 내용을 (정리 , 결정)하여 관찰기록문을 썼다.

(3) 여행이 끝난 후 생각하거나 느낀 점을 (글 , 초대장)(으)로 써 두면 나중에 기억하기에 좋다.

03 다음 빈칸에 들어갈 낱말로 알맞은 것은 무엇인가요? (   )

> 우리가 이 동네로 이사를 온 지 [   ]이/가 지났다.

① 일기   ② 준비   ③ 느낌   ④ 사흘   ⑤ 이튿날

04 다음 중 '조사'를 바르게 사용한 것을 찾아 ○표 하세요.

① 그 형사는 범인이 누구인지 알아내기 위해 현장을 <u>조사</u>했다. (   )

② 아이들은 카네이션을 직접 만들어, 스승의 날에 선생님께 선물해 드릴 꽃바구니를 <u>조사</u>했다. (   )

05 다음 빈칸에 공통으로 들어갈 낱말로 알맞은 것을 찾아 ◯표 하세요.

> 어떤 내용을 다른 사람에게 [   ]하려면 어떻게 해야 할까요? 먼저 무엇을 [   ]하려고 하는지에 대해 밝혀야 해요. 그리고 그 대상에 대해 자세히 예를 들어서 알려 줄 수 있어요. 또는 대상을 일정한 기준에 따라 종류별로 나누어서 알려 줄 수도 있어요.

(조사 , 설명 , 준비)

06 다음 밑줄 친 낱말과 바꾸어 쓸 수 있는 낱말은 무엇인가요? (   )

> 저는 지금 장미 축제가 열리는 현장에 와 있습니다. 축제가 열린 지 오늘로 <u>4일째</u>인데, 벌써 12만 명이 다녀갔다고 합니다. 축제가 열리는 일주일 동안 매일 저녁 음악회가 열린다고 합니다. 장미꽃과 음악을 즐기기 위한 시민들의 발걸음이 끊이지 않고 있습니다.

① 날짜   ② 사흘   ③ 나흘   ④ 보름   ⑤ 이튿날

07 다음 ㉠과 ㉡에 들어갈 알맞은 낱말을 바르게 짝 지은 것은 무엇인가요?
(   )

> 산이: 설아, 너 [㉠] 썼어?
> 설이: 응, 어제 새로 온 고양이가 우리 가족이 된 일을 썼어.
> 산이: 난 특별한 일이 생기지 않아서 쓰지 못했는데⋯⋯.
> 설이: 음, 꼭 특별한 일을 쓰지 않아도 돼. 하루 중 기억에 남는 일에 대한 생각이나 [㉡]을/를 쓰면 돼.
> 산이: 아니, 기억에 남는 일이 하나도 없었다니까.
> 설이: 휴⋯⋯.

① ㉠: 편지 - ㉡: 짐작   ② ㉠: 일기 - ㉡: 느낌   ③ ㉠: 광고 - ㉡: 기대
④ ㉠: 일기 - ㉡: 준비   ⑤ ㉠: 초대장 - ㉡: 짐작

[08~10] 다음 글을 읽고, 물음에 답하세요.

사람들은 특별한 날에 다른 사람들과 모이는 것을 좋아해요. 많은 사람들이 한자리에 모이기 위해서는 초대장이 필요해요. 초대장이란 어떤 자리나 모임 또는 행사 등에 참석해 달라고 요청하는 편지를 말해요.

초대장에는 어떤 내용이 들어가야 할까요? 먼저, 다른 사람을 초대하는 목적이 무엇인지 밝혀야 해요. 어떤 모임에 초대하는 것인지, 무엇을 함께할 것인지 등을 쓸 수 있어요.

그리고 초대하는 때가 언제인지 ⟨ ㉠ ⟩와/과 시간을 꼭 써 줘야 해요. 모임이 열리는 장소도 꼭 써야 하지요. 가능하면 장소를 쉽게 찾을 수 있도록 그림을 그려 줘도 좋아요. 이 외에도 모임에 오는 사람이 준비해 와야 할 것이나 입어야 하는 옷 색깔도 알려 주는 것이 좋답니다.

08 ㉠에 들어갈 알맞은 낱말에 ○표 하세요.

(보름 , 날짜 , 광고)

09 다음 뜻을 가진 낱말을 이 글에서 찾아 두 글자로 쓰세요.

앞으로 해야 할 일에 필요한 것을 미리 갖추는 것.

(   )

10 다음은 이 글의 중심 내용입니다. 빈칸에 들어갈 알맞은 낱말은 무엇인가요?

(   )

☐에는 초대하는 목적, 날짜와 시간, 장소를 꼭 써야 한다.

① 글   ② 편지   ③ 광고   ④ 일기   ⑤ 초대장

디지털 속 한 문장

다음을 보고, **초대장**이라는 낱말을 넣어 ㉠에 들어갈 대화 글을 써 보세요.

👤3   🔍 📞 📹 ≡

얘들아, 안녕? 우리 집에서 열리는 파티에 초대할게.

❀초대장❀

날짜: 5월 5일
장소: 우리 집
목적: 어린이날 맞이 축하 파티

💗 우리 집💗

우아, 초대해 줘서 고마워. 그럼 나는 맛있는 과자를 준비해 갈게.

태호네 집에 초대받다니 기분이 정말 좋다!

㉠

😊 🗓 🕐 📎 ✄   ──○ 전송

✎

사회

01~04

주제별로 묶어 어휘를 의미적으로 연결하여 학습해 봐!

처음 체험해 본 직업은 사람들을 지켜 주는 **경찰관**이었어요. 멋진 제복을 입고 현장에 출동하는 일을 해 보았어요.

경 찰 관

불이 난 곳에 가서 불을 끄고, 사람들을 구해 주는 **소방관**도 체험했어요. 굉장히 힘들지만, 보람이 있을 것 같았지요.

소 방 관

직 업

꿈이 없던 현주에게 부모님께서는 **직업** 체험관에 가 보자고 하셨어요.

예 술 가

발레복을 입고 발레리나가 되어 보는 **예술가** 체험도 했어요. 사람들 앞에서 춤을 선보이는 것이 재미있었어요.

수 의 사

동물을 치료해 주는 **수의사**를 체험하면서 현주는 가장 즐거웠어요. 자신에게 딱 맞는 일이라는 생각이 들었지요.

다음 글을 읽으며, 빈칸에 들어갈 낱말을 따라 써 보세요.

사람들은 각자 자기가 좋아하거나 잘할 수 있는 일을 ⁽¹⁾직업 으로 선택해요. 그리고 일을 하면서 번 돈으로 생활을 하고, 일을 통해 보람을 느끼기도 하지요. 우리가 사는 세상에는 다양한 직업이 있어요.

먼저, 다른 사람의 생명이나 재산을 지켜 주는 직업이 있어요. 교통 정리를 하거나 범죄를 저지른 사람을 잡아 주는 ⁽²⁾경찰관 이 있고, 불이 났을 때 불을 끄고 위급한 상황에 처한 사람들을 도와 주는 ⁽³⁾소방관 도 있지요. 또한 학생들에게 공부를 가르쳐 주는 선생님도 있어요. 그리고 아픈 사람을 치료해 주는 의사와 아픈 동물을 치료해 주는 ⁽⁴⁾수의사 도 있지요. 이 외에도 음악을 연주하거나 무용을 하는 등 예술과 관련된 일을 하는 ⁽⁵⁾예술가 도 있어요. 이러한 직업들은 시간이 흐르면서 없어지기도 하고 새로 생기기도 한답니다.

낱말밭 사전

확인 ☑

* **직업** 생활을 하기 위하여 자신의 적성과 능력에 따라 계속해서 하는 일. ☐

* **경찰관** 사회의 질서를 지키고 국민의 안전과 재산을 보호하는 일을 하는 공무원. ☐

* **소방관** 불이 나지 않도록 예방하고 불을 끄거나, 위급한 상황에서 사람을 구하는 활동을 하여 국민의 생명과 재산을 보호하는 공무원. ☐

* **예술가** 예술 작품을 창작하거나 표현하는 일을 하는 사람. ☐

* **수의사** 짐승, 특히 가축에 생기는 여러 가지 질병을 진찰하고 치료하는 의사. ☐

1
단계

확인과 적용 ~~~~~~~~~~~~~~~~~~~~~~~~~~~~~~~~~~~

01 다음 뜻을 가진 낱말을 보기에서 찾아 쓰세요.

> **보기**
>
> 경찰관   예술가

(1) 예술 작품을 창작하거나 표현하는 일을 하는 사람. (   )

(2) 사회의 질서를 지키고 국민의 안전과 재산을 보호하는 일을 하는 공무원.

(   )

02 다음 중 밑줄 친 낱말을 바르게 사용하여 말한 친구의 이름을 쓰세요.

수의사인 삼촌께서 아픈 강아지를 바르게 지료해 주셨어.
민서

나는 나쁜 일을 한 범인을 잡는 소방관이 될 거야.
진호

(   )

03 다음 첫 자음자를 보고, 빈칸에 들어갈 알맞은 낱말을 쓰세요.

(1) | ㅅ | ㅂ | ㄱ |

✎ 산불이 났다는 신고 전화를 받고 (   )이/가 출동했다.

(2) | ㅇ | ㅅ | ㄱ |

✎ 그는 오랜 연습과 노력 끝에 세계적으로 인정받는 (   )이/가
되었다.

04 다음 빈칸에 들어갈 낱말로 알맞은 것을 찾아 선으로 이으세요.

(1) 우리 아버지의 [   ]은 미용사입니다.   •   • ㉠ 직업

(2) 달리던 자동차에서 불이 나자 [   ]이
달려왔다.   •   • ㉡ 경찰관

(3) [   ]은 몰래 숨어서 범인이 나타나기
를 기다렸다.   •   • ㉢ 소방관

05 다음 밑줄 친 낱말의 뜻으로 알맞은 것을 보기 에서 찾아 기호를 쓰세요.

> **보기**
> ㉠ 예술 작품을 창작하거나 표현하는 일을 하는 사람.
> ㉡ 짐승, 특히 가축에 생기는 여러 가지 질병을 진찰하고 치료하는 의사.

> 재용이는 길을 걷다가 바닥에 노란빛의 털 뭉치가 떨어져 있는 것을 봤어요. 다가가서 보니 쓰러져 있는 아기 고양이였어요. 재용이는 고양이를 안고 동물 병원으로 달려갔어요. 수의사 선생님께서는 빨리 온 덕분에 고양이가 살 수 있었다고 말씀하셨어요. 그제야 재용이는 마음이 놓였어요.

(   )

06 다음 빈칸에 공통으로 들어갈 낱말로 알맞은 것은 무엇인가요? (   )

> ☐ 은 생활하기 위한 돈을 벌기 위해서만 필요한 것이 아니에요. ☐ 을 통해 사람들은 자신의 꿈을 이루고 자신이 한 일에 대한 행복과 보람을 느껴요.

① 마음   ② 직업   ③ 성격   ④ 행동   ⑤ 생각

2단계   **활용** ~~~~~~~~~~~~~~~~~~~~~~~~~~~~~~~~~~~~~~

07 다음 보기 와 같이 주어진 낱말을 넣어 짧은 문장을 만들어 쓰세요.

> **보기**
> [경찰관]
> ✎ 그 경찰관은 끈질기게 쫓아가 범인을 잡았다.

(1) [직업]

✎ --

(2) [예술가]

✎ --

다람이는 공원으로 들어가는 길목에서 도토리가 많이 열린 나무를 봤어요. 그래서 도토리를 따러 그곳으로 갔어요.

길 목

다람이가 도토리나무가 있는 곳으로 가려면 신호등을 지나가야 해요. 다람이는 녹색 불이 들어오기를 기다렸어요.

신 호 등

교 통

다람이는 교통이 복잡한 거리에 있는 공원에서 살아요.

횡 단 보 도

신호등이 녹색 불로 바뀌자, 다람이는 잽싸게 횡단보도를 건너 도토리나무가 있는 곳으로 갔어요.

인 도

다람이는 나무 아래에 떨어져 있던 도토리들과 사람들이 지나는 인도로 떨어진 도토리까지 주워서 공원으로 돌아갔어요.

다음 글을 읽으며, 빈칸에 들어갈 낱말을 따라 써 보세요.

우리는 생활하면서 버스나 택시, 자동차 등 교통수단을 많이 이용해요. (1) 교통 이 발달하면서 우리의 생활은 더 편리해지고 있어요. 하지만 교통을 많이 이용하는 만큼 안전사고에 대한 위험도 커지고 있어요. 이러한 사고를 줄이려면 교통질서를 잘 지켜야 해요.

도로에서 길을 건널 때에는 반드시 (2) 신호등 이 있는 곳에서 건너야 해요. 신호등의 녹색 불이 켜지면 왼쪽과 오른쪽을 모두 살핀 후에 (3) 횡단보도 를 건너요. 또한, 큰 도로와 작은 도로가 만나는 (4) 길목 도 조심히 살피며 걸어야 해요. 자동차에 탄 사람이나 걷는 사람 모두 서로가 보이지 않을 수 있기 때문이에요. 그리고 걸을 때는 반드시 차도가 아닌 (5) 인도 를 이용해야 해요. 그래야 차도를 오가는 차로부터 내 몸을 보호할 수 있기 때문이지요.

이렇게 교통질서를 잘 지키면 편리하고 안전한 생활을 할 수 있어요.

낱말밭 사전

확인 ☑

* **교통** 자동차나 기차, 배, 비행기 등을 이용하여 사람이 오고 가거나, 짐을 실어 나르는 일.

* **길목** 거리에서 큰길과 좁은 길이 만나는 곳.

* **신호등** 건널목, 횡단보도에서 자동차나 사람의 통행을 통제하는 전기 불빛 장치.

* **횡단보도** 사람이 안전하게 차도를 가로질러서 건너갈 수 있도록 일정한 표시를 한 길.

* **인도** 차가 다니는 큰길에서 사람이 걸어 다니게 따로 갈라놓은 길.

 1단계 확인과 적용 ~~~~~~~~~~~~~~~~~~~~~~~~~~~~~

01 다음 낱말의 뜻으로 알맞은 것을 찾아 선으로 이으세요.

(1) 교통 •

(2) 길목 •

(3) 인도 •

• ㉠ 거리에서 큰길과 좁은 길이 만나는 곳.

• ㉡ 차가 다니는 큰길에서 사람이 걸어 다니게 따로 갈라놓은 길.

• ㉢ 자동차나 기차, 배, 비행기 등을 이용하여 사람이 오고 가거나, 짐을 실어 나르는 일.

02 다음 빈칸에 들어갈 알맞은 낱말을 **보기** 에서 찾아 쓰세요.

보기

인도	교통	길목

(1) ( )시설의 발달로 여행이 예전보다 훨씬 편리해졌다.

(2) 큰길을 걷다가 왼쪽 ( )에서 조금만 들어가면 우리 집이다.

(3) 오토바이는 차도로 다녀야 하고 ( )(으)로 다녀서는 안 된다.

03 다음 중 밑줄 친 낱말을 바르게 사용하여 말한 친구의 이름을 쓰세요.

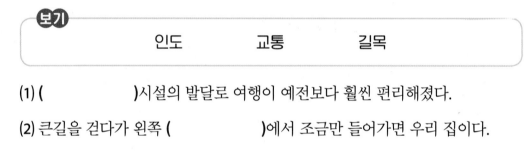

수정: 나는 어제 횡단보도를 뒤늦게 건너고 계신 할아버지를 도와드렸어.

애리: 정말 잘했다. 할아버지께서 신호등을 건너시기에 시간이 부족하셨나 보다.

( )

04 다음 중 밑줄 친 낱말이 바르게 사용된 것을 찾아 ○표 하세요.

① 그곳은 지하철이 다니게 되어 횡단보도가 편리해졌다. ( )

② 신호등의 빨간불이 켜지자 차들이 정지선을 지키며 멈췄다. ( )

05 다음 ㉠과 ㉡에 들어갈 알맞은 낱말을 보기에서 찾아 쓰세요.

보기

길목   횡단보도

은형이는 학교에 가기 위해 골목을 빠져나가는 [㉠]에서 큰길로 나 갔어요. 그런데 큰길에 있는 신호등이 고장 나 있었어요. 그때 경찰관 아저 씨께서 오셔서 사람들이 [㉡]을/를 잘 건널 수 있도록 도와주셨어요. 은형이는 경찰관 아저씨께 정말 감사했어요.

(1) ㉠: (   )   (2) ㉡: (   )

06 다음 밑줄 친 낱말과 같은 낱말이 들어갈 문장에 ○표 하세요.

그 지역은 산으로 가로막혀 있어 교통이 불편하다.

① [   ]이 고장이 나서 노란색 신호만 계속 깜빡거렸다. (   )

② 집 앞에 도로가 새로 생겨서 예전보다 [   ]이 훨씬 좋아졌다.

(   )

2단계   **활용**

07 다음 문장의 빈칸에 들어갈 낱말을 보기에서 찾아 쓰고, 완성한 문장을 그대 로 따라 써 보세요.

보기

신호등   인도   교통

(1) 겨울이 되면 (   )에 눈이 쌓여 걸어 다니기 불편하다.

✎ ---

(2) (   )의 녹색 불이 켜지자 사람들이 횡단보도를 건너갔다.

✎ ---

샘이네 가족은 함께 차에 탔어요. 어머니께서는 샘이와 동생이 **안전띠**를 바르게 맸는지 살펴보셨어요.

안 전 띠

여행 중에 샘이네 가족은 점심을 먹으러 식당에 들어갔어요. 그때 갑자기 땅이 흔들리더니 **대피**하라는 방송이 나왔어요.

대 피

안 전

여행을 떠나는 날, 샘이의 아버지께서는 **안전**이 최우선이라고 말씀하셨어요.

비 상 구

갑작스러운 지진에 놀란 샘이네 가족은 **비상구**를 통해 밖으로 나왔어요. 그 뒤로도 땅은 조금씩 계속 흔들렸어요.

신 고

밖에는 지진으로 인해 다친 사람들이 있었어요. 샘이의 아버지께서는 119에 **신고** 전화를 하셨어요.

다음 글을 읽으며, 빈칸에 들어갈 낱말을 따라 써 보세요.

우리는 살면서 위험한 상황에 놓일 수 있어요. 갑작스러운 화재나 지진을 겪게 될 수도 있고, 자동차를 타고 가다가 접촉 사고가 생길 수도 있지요. 그래서 ⁽¹⁾ 안 전 을 지키는 여러 가지 방법을 알아 두는 것이 좋아요.

먼저 우리가 어떤 건물이나 장소에 들어갈 때는 항상 ⁽²⁾ 비 상 구 의 위치를 파악하고 있어야 해요. 위급한 상황이 생겼을 때 빠르게 밖으로 ⁽³⁾ 대 피 할 수 있기 때문이에요. 차를 타고 갈 때는 반드시 ⁽⁴⁾ 안 전 띠 를 매야 해요. 그렇게 해야 사고가 생겼을 때 나와 다른 사람의 안전까지 지킬 수 있어요. 자전거나 오토바이를 탈 때는 반드시 헬멧을 써서 머리를 보호하는 것이 중요해요. 또한 긴급한 상황이 생겼을 때 ⁽⁵⁾ 신 고 하여 도움을 요청할 수 있는 전화번호도 잘 알아 두어야 해요. 불이 났을 때는 119, 위험한 상황일 때는 112로 전화할 수 있어요.

낱말밭 사전

확인 ✓

* **안전** 위험이 생기거나 사고가 날 염려가 없음. 또는 그런 상태. ☐

* **안전띠** 자동차나 비행기 등에서 승객의 안전을 위해 몸을 좌석에 붙들어 매는 띠. ☐

* **대피** 위험이나 피해를 입지 않도록 잠시 피함. ☐

* **비상구** 갑작스러운 사고가 일어날 때에 급히 피할 수 있도록 특별히 마련한 출입구. ☐

* **신고** 국민이 법에 따라 기관에 어떤 사실을 보고함. ☐

사회
주제 03

낱말밭
일일학습

1단계

확인과 적용

01 다음 낱말의 뜻으로 알맞은 것을 <u>보기</u>에서 찾아 기호를 쓰세요.

<u>보기</u>

㉠ 위험이나 피해를 입지 않도록 잠시 피함.
㉡ 국민이 법에 따라 기관에 어떤 사실을 보고함.
㉢ 위험이 생기거나 사고가 날 염려가 없음. 또는 그런 상태.

(1) 안전 (   )   (2) 신고 (   )   (3) 대피 (   )

02 다음 빈칸에 들어갈 낱말로 알맞은 것은 무엇인가요? (   )

자동차를 탈 때 모든 사람은 반드시 [   ]을/를 매야 한다.

① 신고   ② 안전   ③ 대피   ④ 비상구   ⑤ 안전띠

03 다음 문장에 어울리는 낱말을 찾아 ○표 하세요.

(1) 우리 반은 재난 상황에서 대피하는 (안전 , 비상구) 교육을 받았다.

(2) 지진으로 건물이 흔들리자, 우리 가족은 모두 (대피 , 안전)을/를 했다.

(3) 밤마다 시끄러운 소리가 들리자 주민들은 경찰에 (신고 , 대피)를 했다.

04 다음 중 밑줄 친 낱말을 바르게 사용하여 말한 친구의 이름을 쓰세요.

백화점에 있을 때 불이 나면 어디로 <u>안전</u>해야 할까?

만세

응, 그럴 때는 <u>비상구</u>를 찾아서 밖으로 나가야 해.

재경

(   )

05 다음 빈칸에 들어갈 낱말로 알맞은 것을 찾아 ○표 하세요.

> 효원이네 가족은 바다에서 즐겁게 수영을 하고 있었어요. 그런데 갑자기 사이렌 소리와 함께 파도가 높아지고 있으니 [   ]을/를 위해 모두 바다 밖으로 나오라는 안내 방송이 들렸어요.

(안전 , 신고)

06 다음 밑줄 친 낱말의 뜻으로 알맞은 것을 보기에서 찾아 기호를 쓰세요.

> **보기**
> ㉠ 위험이 생기거나 사고가 날 염려가 없음. 또는 그런 상태.
> ㉡ 자동차나 비행기 등에서 승객의 안전을 위해 몸을 좌석에 붙들어 매는 띠.

> 안전띠를 매는 올바른 방법을 알아볼까요? 먼저 바른 자세로 앉아요. 그리고 안전띠를 천천히 당겨서 세로 부분을 어깨에 걸치고, 가로 부분은 엉덩이뼈와 허벅지가 닿는 곳에 맞추어 최대한 아래로 내려요. 마지막으로 버클(고정 장치)에서 '찰칵' 소리가 날 때까지 눌러서 채우면 되어요.

(   )

  활용

07 다음 보기와 같이 주어진 낱말을 넣어 짧은 문장을 만들어 쓰세요.

> **보기**
> 대피
> ✎ 건물에서 불이 나자, 사람들은 옥상으로 대피했다.

(1) 신고

✎ _____

(2) 비상구

✎ _____

사회 주제 04 자연재해에는 무엇이 있을까?

봄에는 **황사**가 심해서 숨쉬기 힘들었어요. 마스크를 썼지만, 목이 아프고 기침이 자주 났죠.

황 사

여름에는 **폭염**으로 인해 너무 더웠어요. 먹이를 찾아 밖으로 나갔다가 쓰러질 뻔했어요.

폭 염

자 연 재 해

도시에 사는 쥐돌이는 지난 일 년 동안 많은 **자연재해**를 겪었어요.

태 풍

가을이 시작될 무렵 엄청난 **태풍**이 불어서 지붕과 문짝이 날아가고, 세찬 비가 내려 집 안에 물이 가득 찼어요.

한 파

겨울에는 **한파**로 인해 너무 추워서 밖에 나가기가 어려웠어요. 그래서 먹이를 구하러 가지도 못했답니다.

다음 글을 읽으며, 빈칸에 들어갈 낱말을 따라 써 보세요.

지구 온난화는 지구의 기온이 높아지는 것을 말해요. 이산화 탄소와 같은 기체가 하늘로 올라가서 지구를 둘러싸면 공기 중의 열이 우주 공간으로 나갈 수가 없게 되어요. 그래서 지구가 점점 더 따뜻해지는 거예요.

지구 온난화가 심해질수록 ⁽¹⁾ 자연재해 가 더 많이 일어날 수 있어요. 예를 들어 지구의 기온이 올라갈수록 더 넓은 범위의 땅이 사막으로 변하면서 ⁽²⁾ 황사 가 심해질 수 있어요. 또한 온도의 변화로 인해 ⁽³⁾ 태풍 이 더 많이 발생하게 되고 세기도 강해질 수 있어요. 이에 따라 태풍으로 인한 피해가 더 늘어날 수 있지요. 그리고 여름에는 매우 높은 기온으로 ⁽⁴⁾ 폭염 이 발생할 수 있고, 겨울에는 갑작스럽게 기온이 내려가는 ⁽⁵⁾ 한파 가 올 수도 있어요.

이런 자연재해를 발생시키는 지구 온난화를 막기 위해서는 이산화 탄소와 같은 주된 원인을 줄이기 위해 노력해야 해요.

낱말밭 사전

확인 ✔

* **자연재해** 태풍, 가뭄, 홍수, 지진, 화산 폭발, 해일 등의 피할 수 없는 자연현상 때문에 일어나는 손해.

* **황사** ① 주로 중국의 사막에 있는 가는 모래가 바람에 실려 날아오는 현상. ② 누런 모래.

* **폭염** 매우 심한 더위.

* **태풍** 북태평양 서남부에서 생겨서 아시아 대륙 쪽으로 큰비를 내리며 부는 매우 센 바람.

* **한파** 겨울철에 기온이 갑자기 내려가는 현상.

1 단계 확인과 적용

01 다음 뜻을 가진 낱말을 보기 에서 찾아 쓰세요.

> **보기**
>
> 폭염　　　　한파

(1) 매우 심한 더위. (　　　　　)

(2) 겨울철에 기온이 갑자기 내려가는 현상. (　　　　　)

02 다음 빈칸에 들어갈 낱말로 알맞은 것을 찾아 선으로 이으세요.

(1) 이번 [　　] 은/는 센 바람과 함께 많은 양　　・　　　　　・ ㉠ 한파
의 비를 뿌렸다.

(2) 며칠 동안 매서운 [　　] 이/가 들이닥쳐 강　・　　　　　・ ㉡ 태풍
물이 꽁꽁 얼었다.

03 다음 문장에 어울리는 낱말을 찾아 ○표 하세요.

(1) 뿌연 (황사 , 한파) 때문에 목이 아프고, 눈이 가렵고 따가울 수 있다.

(2) 지진이나 태풍 등의 (폭염 , 자연재해)이/가 일어날 경우를 대비해서 안전
교육을 해야 한다.

04 다음 중 밑줄 친 낱말을 바르게 사용하여 말한 친구의 이름을 쓰세요.

 한파 때 수도가 얼어서 물이 나오지 않은 적이 있어서 겨울이 싫어. 윤찬

나는 폭염으로 농사지은 벼들이 바람에 다 눌린 것이 기억나서 가을이 싫어. 이안

(　　　　　)

05 다음 빈칸에 들어갈 낱말로 알맞은 것은 무엇인가요? (   )

> ☐에는 단순히 모래만 있는 것이 아니라, 자동차와 공장에서 나오는 매연과 화학 물질도 섞여 있어요. 그래서 우리의 건강에 더 나쁜 영향을 줄 수 있어요.

① 한파   ② 폭염   ③ 황사   ④ 태풍   ⑤ 자연재해

06 다음 밑줄 친 낱말과 같은 낱말이 들어갈 문장에 ○표 하세요.

> 우리 과수원은 작년 가을에 <u>태풍</u>으로 큰 피해를 입었다.

① 며칠째 이어진 ☐으로 너무 더워서 잠을 잘 수 없었다.

(   )

② ☐이 지나간 자리에는 가로등이 쓰러지고 나무가 부러져 있었다.

(   )

2단계 **활용** 〰〰〰〰〰〰〰〰〰〰〰〰〰〰〰〰〰〰〰〰〰〰〰〰

07 다음 문장의 빈칸에 들어갈 낱말을 **보기**에서 찾아 쓰고, 완성한 문장을 그대로 따라 써 보세요.

> **보기**
>
> 폭염   자연재해   한파   황사

(1) 여름 (   ) 때 너무 더워서 팥빙수를 많이 먹었다.

✎ ⌐ ─────────────────────────────────────

(2) 해마다 홍수와 태풍 같은 (   )이/가 늘어나고 있다.

✎ ⌐ ─────────────────────────────────────

01 다음 빈칸에 들어갈 낱말로 알맞은 것을 찾아 선으로 이으세요.

(1) 형은 돈이 든 가방을 주워서 경찰에 [　　　] .

・㉠ 신고

을/를 했다.

(2) 뉴스에서는 우리나라를 향해 거대한 [　　　] .

・㉡ 태풍

이/가 다가오고 있다는 예보가 나왔다.

02 다음 첫 자음자를 보고, 빈칸에 들어갈 알맞은 낱말을 쓰세요.

(1) ㅈ ㅇ

✎ 삼촌의 (　　　　　)은/는 초등학교 학생들을 가르치는 선생님이다.

(2) ㄷ ㅍ

✎ 지진이 발생하자 선생님과 학생들은 모두 운동장으로 (　　　　　)

을/를 했다.

03 다음 중 '예술가'를 바르게 사용하여 말한 친구의 이름을 쓰세요.

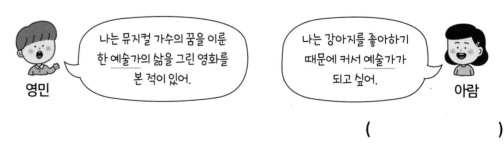

영민: 나는 뮤지컬 가수의 꿈을 이룬 한 예술가의 삶을 그린 영화를 본 적이 있어.

아람: 나는 강아지를 좋아하기 때문에 커서 예술가가 되고 싶어.

(　　　　　)

04 다음 문장에 어울리는 낱말을 찾아 ○표 하세요.

(1) 서울은 현재 영하 20도까지 떨어지는 (황사 , 한파)가 찾아왔다.

(2) 나는 동생에게 (비상구 , 안전띠)를 바르게 매는 방법을 알려 주었다.

정답 및 해설 **18쪽**

05 다음 밑줄 친 부분과 뜻이 비슷한 낱말은 무엇인가요? (   )

> '어린이 보호 구역'이란 어린이들을 교통사고의 위험으로부터 보호하기 위해 정한 특별한 구역이에요. 이곳에는 미끄럼 방지와 과속 방지턱이 설치되어 있으며, 자동차가 주차할 수도 없어요. 그래서 어린이들이 위험한 상황이나 사고가 일어날 걱정 없이 다닐 수 있어요.

① 인도   ② 안전   ③ 길목   ④ 대피   ⑤ 교통

06 다음 빈칸에 들어갈 낱말로 알맞은 것을 찾아 ○표 하세요.

> 아침 일찍 일어난 연지는 학교에 가기 위해 집을 나섰어요. 인도에 서서 ☐☐☐의 녹색 불이 켜지길 기다리고 있었지요. 그때, 갑자기 '끼익' 하는 소리와 함께 차가 멈췄어요. 같은 반 친구인 서준이가 핸드폰을 보며 앞을 보지 않고 걷다가 사고가 날 뻔한 것이었어요. 연지는 길을 걸을 때는 항상 주위를 살펴야겠다고 생각했어요.

(비상구 , 신호등)

07 다음 ㉠과 ㉡에 들어갈 알맞은 낱말을 바르게 짝 지은 것은 무엇인가요?
(   )

> ☐㉠☐은/는 강한 바람과 폭우로 인해 큰 피해를 일으킬 수 있어요. 강한 바람 때문에 건물의 간판이 날아가기도 하고, 수확을 앞둔 곡식과 과일이 떨어져 망가지기도 하지요. 그리고 강한 바람과 함께 많은 비가 내리기도 해서 사람들이 안전한 곳으로 ☐㉡☐해야 할 수도 있어요. 따라서 태풍이 올 때는 일기예보를 주의 깊게 살펴보고, 태풍이 지나는 길을 확인하여 피해가 없도록 해야 해요.

① ㉠: 대피 - ㉡: 황사   ② ㉠: 안전 - ㉡: 폭염

③ ㉠: 태풍 - ㉡: 대피   ④ ㉠: 한파 - ㉡: 자연재해

⑤ ㉠: 자연재해 - ㉡: 태풍

[08~10] 다음 글을 읽고, 물음에 답하세요.

설이는 학원에서 수업을 받다가 갑자기 울리는 화재 경보 소리에 깜짝 놀랐어요. 선생님께서는 아래층에 불이 났다며 모두 밖으로 나가라고 하셨지요. 설이는 재빨리 친구들과 함께 밖으로 나갔어요.

교실 밖은 이미 연기로 가득 차 있어서 앞이 보이지 않았어요. 선생님께서는 ⑤비상구를 찾아 아이들을 ⑥안전하게 밖으로 내보내셨어요. 설이는 비상구로 나와 계단을 내려가다가 발을 헛디뎌 넘어졌어요. 다리가 너무 아파서 움직일 수 없었지요. 그때 소방관 아저씨께서 오셔서 설이를 업어 주셨어요.

소방관 아저씨께서는 자욱한 연기를 뚫고서 빠르게 밖으로 나가셨어요. 설이를 구급차에 내려놓으신 소방관 아저씨께서는 다시 불길 속으로 들어가셨어요.

학원에서 큰길로 나가는 ⑥길목에는 먼저 ⑧대피한 친구들이 모여 있었어요. 한 시간쯤 뒤, 소방관 아저씨들께서 불을 모두 끄셨어요. 설이는 불도 꺼 주시고 자신도 구해 주신 소방관 아저씨께 정말 고마웠어요.

08 ⑤의 뜻으로 알맞은 것을 찾아 ○표 하세요.

① 위험이나 피해를 입지 않도록 잠시 피함. (   )

② 차가 다니는 큰길에서 사람이 걸어 다니게 따로 갈라놓은 길. (   )

③ 갑작스러운 사고가 일어날 때에 급히 피할 수 있도록 특별히 마련한 출입구.

(   )

09 다음 빈칸에 공통으로 들어갈 낱말을 ⑥~⑧ 중에서 찾아 기호를 쓰세요.

• 학교 주변 [   ]에는 코스모스가 가득 피어 있다.
• 우리 집은 큰길에서 유치원으로 들어오는 [   ]에 있다.

(   )

10 다음은 이 글의 제목입니다. 빈칸에 들어갈 알맞은 낱말은 무엇인가요?

(   )

고마운 [   ] 아저씨

① 예술가   ② 경찰관   ③ 소방관   ④ 수의사   ⑤ 여행가

🌸 디지털 속 한 문장

정답 및 해설 18쪽

다음을 보고, **직업**이라는 낱말을 넣어 ㉠에 들어갈 답글을 써 보세요.

🏠 2학년 > 5반 > 게시판 ⭐ 🔗 🖨️

◇ **제목: 우리 반 친구들의 장래 희망**

• 글쓴이 **김윤빈** • 등록일 **05월 05일** • 조회수 **12**

　안녕, 친구들! 나는 다음 주 국어 시간에 우리 반 친구들의 장래 희망에 대해 발표하고자 해. 그래서 너희의 도움이 필요해. 각자 커서 어떤 직업을 갖고 싶은지 답글을 달아 줘.
　우선, 나는 커서 연예인이 될 거야. 그래서 사람들 앞에서 나의 재능을 마음껏 펼치고 싶어.

좋아요 👍

> 김수정　난 글을 쓰는 일을 직업으로 하고 싶어. 작가가 되어서 사람들의 마음에 감동을 주는 글을 쓰고 싶거든.　답글

㉠　　입력

목록　인쇄　답변　수정　삭제　글쓰기

✎

사회

05~08

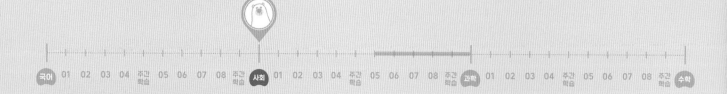

국어 01 02 03 04 주간
학습 05 06 07 08 주간
학습 사회 01 02 03 04 주간
학습 05 06 07 08 주간
학습 과학 01 02 03 04 주간
학습 05 06 07 08 주간
학습 수학

주제별로 묶어 어휘를 의미적으로 연결하여 학습해 봐!

지역 축제에서는 무엇을 즐길 수 있을까?

축제 장소에는 다양한 모양의 유등이 **전시**되어 있었어요. 해가 지니 모든 유등에 불빛이 들어왔어요.

전 시

태리는 유등을 직접 만들고 강물에 띄워 보는 **체험**도 했어요. 강에는 사람들이 만든 유등이 둥둥 떠다녔어요.

체 험

축 제

태리는 가족과 함께 유등 **축제**에 갔어요. 유등은 기름으로 켜는 등불이에요.

특 산 물

태리의 엄마께서는 축제에서 **특산물**인 마와 우엉을 사셨어요. 마는 길쭉한 고구마처럼 생겼고, 우엉은 나무줄기 같았지요.

공 연

태리네 가족은 불꽃놀이와 드론 쇼도 관람했어요. 밝은 빛을 이용한 여러 가지 **공연**이 신기하면서도 즐거웠지요.

다음 글을 읽으며, 빈칸에 들어갈 낱말을 따라 써 보세요.

우리나라의 여러 지역에서는 그 지역의 전통과 문화를 지키고 기념하기 위해 (1) 축제 가 열려요.

각 지역 축제마다 그 지역의 특성을 살린 다양한 (2) 체험 과 볼거리가 가득해요. 예를 들어, 물고기를 직접 잡아 보거나 연이나 도자기 등을 직접 만드는 활동을 할 수 있어요. 또 예술가들이 만든 멋진 작품이나 여러 가지 특별한 물건들이 (3) 전시 된 것을 볼 수도 있지요. 여러 가수나 예술가들이 와서 음악이나 춤, 노래 등을 선보이는 (4) 공연 이 열리기도 해요. 무엇보다 축제에서 가장 인기 있는 것은 음식이에요. 축제에서는 그 지역에서만 맛볼 수 있는 (5) 특산물 로 만든 다양한 음식을 즐길 수 있지요.

가족과 함께 관심 있는 지역의 축제를 찾아가 본다면 좋은 추억을 만들 수 있을 거예요.

낱말밭 사전

확인 ☑

* **축제** 어떤 것을 기념하거나 축하하기 위해 벌이는 큰 규모의 행사.

* **전시** 여러 가지 물건을 한곳에 벌여 놓고 보임.

* **체험** 자기가 몸소 겪음. 또는 그런 경험.

* **특산물** 어떤 지역에서 특별히 생산되어 나오는 물건.

* **공연** 음악, 무용, 연극 등을 많은 사람 앞에서 보이는 일.

01 다음 낱말의 뜻으로 알맞은 것을 찾아 선으로 이으세요.

(1) 축제 •

(2) 공연 •

(3) 체험 •

(4) 전시 •

(5) 특산물 •

• ㉠ 자기가 몸소 겪음. 또는 그런 경험.

• ㉡ 여러 가지 물건을 한곳에 벌여 놓고 보임.

• ㉢ 어떤 지역에서 특별히 생산되어 나오는 물건.

• ㉣ 음악, 무용, 연극 등을 많은 사람 앞에서 보이는 일.

• ㉤ 어떤 것을 기념하거나 축하하기 위해 벌이는 큰 규모의 행사.

02 다음 빈칸에 들어갈 낱말로 알맞은 것은 무엇인가요? (   )

> 우리 학교는 매년 봄이 되면 학생들이 미술 시간에 만든 작품들을 모두
> ☐☐☐ 하여 함께 관람합니다.

① 체험　　　② 공연　　　③ 전시　　　④ 축제　　　⑤ 신고

03 다음 첫 자음자를 보고, 빈칸에 들어갈 알맞은 낱말을 쓰세요.

(1) ㅊ ㅈ

✎ 그는 대학교에서 열린 (   )의 사회를 맡았다.

(2) ㄱ ㅇ

✎ 연극 (   )이/가 끝나자 사람들이 모두 일어나 박수를 쳤다.

(3) ㅊ ㅎ

✎ 할아버지께서는 세계 여러 곳을 여행한 (   )을/를 글로 쓰셨다.

04 다음 빈칸에 공통으로 들어갈 낱말로 알맞은 것을 찾아 ○표 하세요.

> 우리나라의 각 지역에는 [ ]이/가 있어요. 예를 들어 가평은 잣, 횡성은 한우, 공주는 밤이 유명하지요. 사람들은 특정 지역의 이름을 들으면 그곳의 [ ]을/를 떠올리곤 해요. 그래서 해당 지역을 방문할 때 구매하거나 그것으로 만든 음식을 즐기기도 한답니다.

(전시 , 공연 , 특산물)

05 다음 ㉠과 ㉡에 들어갈 알맞은 낱말을 **보기**에서 찾아 쓰세요.

> **보기**
>
> 공연   축제

> 지난 주말, 가족과 함께 경상남도 진해에서 열리는 벚꽃 [㉠]인 '군항제'에 다녀왔어요. 거리에는 활짝 핀 벚꽃 나무들이 끝없이 이어져 있었어요. 우리는 벚꽃 앞에서 예쁜 사진을 많이 찍었어요. 그리고 축제를 축하하기 위해 온 가수들의 멋진 [㉡]도 관람했어요.

(1) ㉠: (   )   (2) ㉡: (   )

활용

06 다음 문장의 빈칸에 들어갈 낱말을 **보기**에서 찾아 쓰고, 완성한 문장을 그대로 따라 써 보세요.

> **보기**
>
> 전시   체험   축제   특산물

(1) 감귤은 제주도의 대표적인 (   )이다.

✎ ....

(2) 우리는 그림이 (   )되어 있는 미술관에 다녀왔다.

✎ ....

인도의 높은 산 속, 깊은 동굴에 사는 붉은여우는 사는 곳이 높고 험해서 늘 먹이가 부족하다고 했어요.

동굴

북극에 사는 북극여우는 기온이 상승하면서 빙하가 점점 줄어들고 있어서 걱정이라고 했어요.

빙하

지형

세계 곳곳에 살고 있는 여우들이 한자리에 모였어요. 각자 살고 있는 곳의 **지형**에 대해 이야기했지요.

사막

아프리카 사막에 사는 사막여우는 낮에는 날이 너무 더워서 햇빛을 피해 있고, 밤에 사냥을 나간다고 했어요.

화산

미국의 화산 주변에 사는 붉은여우는 가끔 뜨거운 온천을 피해야 하지만, 초원도 넓고 먹이도 많아서 좋다고 했어요.

다음 글을 읽으며, 빈칸에 들어갈 낱말을 따라 써 보세요.

우리가 살고 있는 땅은 하나의 모습만 가지고 있지 않아요. 땅의 모양이나 상태를 ⁽¹⁾ 지형 이라고 하는데, 세계에는 다양한 지형이 있어요.

대표적인 지형으로는 넓고 평평한 초원인 평야가 있어요. 높은 산이 길게 이어져 만들어진 험한 산맥도 있지요. 또 비가 거의 내리지 않아서 메마르고 모래로 뒤덮인 ⁽²⁾ 사막 도 있어요. 추운 지역에는 오래 쌓인 눈이 얼음덩어리가 되어 덮고 있는 ⁽³⁾ 빙하 가 있어요. 그리고 산속에서 자연적으로 생긴 크고 깊은 ⁽⁴⁾ 동굴 도 있지요. 마지막으로 땅속에서 용암이나 가스 등이 터져 나오면서 만들어진 ⁽⁵⁾ 화산 도 지형의 한 종류예요.

지형은 여러 가지 원인으로 만들어져요. 화산 활동으로 인해 만들어지거나 날씨에 영향을 받아서 만들어지기도 해요. 그리고 지구 내부의 다양한 변화나 지구 바깥쪽 땅의 움직임 등에 의해 만들어지기도 한답니다.

낱말밭 사전

확인 ☑

* **지형** 땅의 생긴 모양이나 상태. ☐

* **동굴** 자연적으로 생긴 깊고 넓은 큰 굴. ☐

* **빙하** 높은 산이나 극 지방에 오래 쌓인 눈이 얼음덩이가 되어 덮고 있는 것. ☐

* **사막** 아주 메말라서 식물이 거의 자라지 않으며, 모래와 돌로 뒤덮인 매우 넓은 땅. ☐

* **화산** 깊은 땅속에 있는 가스와 용암이 땅을 뚫고 터져 나오는 것. 또는 그렇게 해서 생긴 산. ☐

 사회 주제 06

낱말밭 일일학습

1단계 확인과 적용

01 다음 낱말의 뜻으로 알맞은 것을 (보기)에서 찾아 기호를 쓰세요.

> **보기**
> ㉠ 땅의 생긴 모양이나 상태.
> ㉡ 자연적으로 생긴 깊고 넓은 큰 굴.
> ㉢ 깊은 땅속에 있는 가스와 용암이 땅을 뚫고 터져 나오는 것. 또는 그렇게 해서 생긴 산.

(1) 동굴 (   )　　(2) 지형 (   )　　(3) 화산 (   )

02 다음 문장에 어울리는 낱말을 찾아 ○표 하세요.

(1) (사막 , 빙하)에서 바람이 불면 모래가 사방으로 흩날린다.

(2) 할머니께서는 한곳에서 오랫동안 사셨기 때문에 고향의 (지형 , 사막)을/를 잘 아신다.

(3) 지구 온난화 현상 때문에 (지형 , 빙하)이/가 녹아서 바닷물의 높이가 계속 올라가고 있다.

03 다음 중 밑줄 친 낱말을 바르게 사용하여 말한 친구의 이름을 쓰세요.

옥이: 선인장은 물이 없는 지형인 <u>사막</u>에서도 잘 자랄 수 있다고 해.

열이: <u>빙하</u>는 언제 폭발할지 모르기 때문에 위험한 지형이야.

(   )

04 다음 중 '동굴'을 바르게 사용한 것을 찾아 ○표 하세요.

① 봄이 되자 겨울잠을 자던 곰이 <u>동굴</u>에서 나왔다. (   )

② <u>동굴</u>은 아주 넓고 햇볕이 뜨거워서 걸어서 건너기 힘들다. (   )

05 다음 빈칸에 들어갈 낱말로 알맞은 것은 무엇인가요? (   )

> 나폴레옹은 전쟁으로 유럽을 정복한 프랑스의 황제예요. 그는 전투에서 주변 [   ]을/를 잘 이용한 것으로 유명해요. 예를 들어, 한 전투에서 나폴레옹은 주변에 얼어붙은 호수가 있다는 것을 알고, 적군이 그쪽으로 가도록 유도했어요. 적군이 호수 위로 올라갔을 때, 나폴레옹은 대포를 쏘아 얼음을 깨뜨려서 적군을 물에 모두 빠뜨렸답니다.

① 사막   ② 모래   ③ 화산   ④ 지형   ⑤ 동굴

06 다음 빈칸에 공통으로 들어갈 낱말로 알맞은 것에 ○표 하세요.

> 하와이의 마우나로아산은 세계에서 가장 큰 [   ]이에요. 1984년 이후 거의 40년 동안 잠들어 있다가, 2022년에 갑자기 폭발했어요. 이와 같이 [   ]은 어느 날 갑자기 폭발할 수 있어요. [   ]이 폭발하면 화산재가 바람을 타고 멀리 날아가서 물을 오염시키거나 식물을 죽게 할 수 있어요.

(동굴 , 화산)

2단계 **활용**

07 다음 **보기**와 같이 주어진 낱말을 넣어 짧은 문장을 만들어 쓰세요.

> **보기**
> [사막]
> ✎ 낙타는 <u>사막</u>에서 중요한 교통수단이다.

(1) [빙하]

✎ _____

(2) [동굴]

✎ _____

수현이네 반은 다른 반과 **줄다리기**를 했어요. 온 힘을 다해 줄을 당기자 다른 반 친구들이 힘없이 딸려 왔어요.

줄 다 리 기

수현이는 친구들과 **강강술래**도 했어요. 노래를 부르며 친구와 손을 잡고 뛰니 훨씬 더 가까워진 것 같았어요.

강 강 술 래

민 속 놀 이

수현이는 학교 친구들과 민속촌에서 우리나라 전통 **민속놀이**를 체험했어요.

풍 물 놀 이

오후가 되자 **풍물놀이**가 열렸어요. 전통 악기들로 연주하는 모습과 신나는 소리에 흥이 절로 났어요.

씨 름

수현이는 짝꿍과 함께 **씨름**도 했어요. 짝꿍이 다리를 걸어 수현이가 넘어졌고, 수현이는 깔끔하게 패배를 인정했어요.

다음 글을 읽으며, 빈칸에 들어갈 낱말을 따라 써 보세요.

옛날 우리 조상들이 즐겨 하던 놀이를 ⁽¹⁾민속놀이라고 해요. 민속놀이는 종류가 아주 다양해요.

먼저, ⁽²⁾줄다리기는 협동과 힘을 겨루는 놀이로, 두 편이 굵은 줄을 잡고 서로 당겨서 더 많이 끌어오는 편이 이기는 놀이예요. 다음으로 여러 사람이 모여서 손을 잡고 원을 만들어 함께 돌면서 전통 노래와 춤을 즐기는 ⁽³⁾강강술래가 있어요. 또한, ⁽⁴⁾풍물놀이는 북, 장구, 징, 꽹과리와 같은 악기를 사용하여 화려한 리듬과 박자를 만드는 음악 놀이예요. 이 놀이는 모두가 함께 춤추며 즐길 수 있는 축제 분위기를 만들어 줘요. 마지막으로 ⁽⁵⁾씨름은 두 사람이 샅바나 띠를 다리에 걸치고 서로 부둥켜 잡은 채 힘을 겨루는 놀이예요. 상대방을 먼저 넘어뜨리는 사람이 이기는 운동이지요. 이와 같은 민속놀이에는 마을 사람들이 건강하고, 농사가 잘되길 바랐던 조상들의 마음이 담겨 있답니다.

낱말밭 사전

확인 ☑

* **민속놀이** 사람들 사이에 전하여 내려오는 놀이. ☐

* **줄다리기** 여러 사람이 편을 나누어 굵은 밧줄을 마주 잡고 당겨서 승부를 겨루는 놀이. ☐

* **강강술래** 여러 사람이 함께 손을 잡고 원을 그리며 빙빙 돌면서 춤을 추고 노래를 부르는 놀이. ☐

* **풍물놀이** 북, 장구, 징, 꽹과리 등을 치면서 춤과 노래를 곁들이는 놀이. ☐

* **씨름** 두 사람이 샅바를 잡고 힘과 재주를 부리어 먼저 넘어뜨리는 것으로 승부를 겨루는 우리 고유의 운동. ☐

1
단계
확인과 적용

01 다음 뜻을 가진 낱말을 보기에서 찾아 쓰세요.

보기

줄다리기   풍물놀이

(1) 북, 장구, 징, 꽹과리 등을 치면서 춤과 노래를 곁들이는 놀이. (   )

(2) 여러 사람이 편을 나누어 굵은 밧줄을 마주 잡고 당겨서 승부를 겨루는 놀이.

(   )

02 다음 빈칸에 들어갈 알맞은 낱말을 찾아 ○표 하세요.

모래판의 최강자를 가리는 [   ] 대회가 부여에서 열립니다.

(풍물놀이 , 씨름)

03 다음 중 '민속놀이'를 바르게 사용하여 말한 친구의 이름을 쓰세요.

설이: 송편은 추석에 먹는 우리의 민속놀이이지.

산이: 명절이 되면 곳곳에서 민속놀이가 열리는 것을 볼 수 있어.

(   )

04 다음 빈칸에 들어갈 낱말로 알맞은 것을 찾아 선으로 이으세요.

(1) 할아버지께서는 [   ]에서 주로 꽹과리를 맡아 연주하신다.   • ㉠ 씨름

(2) 밤이 되자 동네 사람들은 서로의 손을 잡고 둥글게 서서 [   ]을/를 시작했다.   • ㉡ 풍물놀이

(3) 한 선수가 명절에 열린 [   ] 대회에서 다리 걸기로 상대편을 쓰러뜨렸다.   • ㉢ 강강술래

05 다음 밑줄 친 낱말과 같은 낱말이 들어갈 문장에 ○표 하세요.

> 운동회에서 열린 <u>줄다리기</u> 경기에서 우리 반이 1반을 이기자, 모두가 기뻐했다.

① ⬚⬚는 같은 편인 여러 사람이 힘을 합쳐야 이길 수 있다. (   )

② ⬚⬚는 두 사람이 겨루는 경기로, 상대를 먼저 넘어뜨리는 사람이 이길 수 있다. (   )

06 다음 빈칸에 들어갈 낱말로 알맞은 것을 찾아 ○표 하세요.

> 지아는 정월 대보름에 시골 할아버지 댁에 놀러 갔어요. 해가 저물자, 마을 사람들은 모두 한자리에 모였어요. 마을 사람들은 징과 꽹과리 등을 꺼내 풍물놀이를 시작했지요. 지아도 음악 소리에 흥이 나서 어깨를 들썩거렸어요. 달이 높게 떠오르자, 사람들은 서로 손을 잡고 노래를 부르면서 ⬚⬚를 했어요. 지아도 원을 그리며 돌면서 보름달에 소원을 빌었어요.

(씨름 , 강강술래)

 2단계 **활용**

07 다음 와 같이 주어진 낱말을 넣어 짧은 문장을 만들어 쓰세요.

> **보기**
>
> 줄다리기
>
> ✎ 명절에 <u>줄다리기</u>를 할 때 쓸 밧줄을 만드느라 마을 사람들이 바빴다.

(1) 민속놀이

(2) 풍물놀이

사회 주제 08 우리나라의 전통문화에는 무엇이 있을까?

부모님께서는 불고기와 **김치**, 잡채 등 전통 음식으로 점심을 차려 주셨어요. 제시는 너무 맛있게 잘 먹었어요.

김치

서연이는 제시에게 우리나라 전통 옷인 **한복**을 입혀 주었어요. 제시는 옷이 너무 우아하고 예쁘다며 좋아했어요.

한복

전통문화

서연이는 미국에서 온 제시에게 **전통문화**를 알려 주고 싶어서 집에 초대했어요.

한옥

서연이네 가족은 제시와 함께 우리나라 전통의 집인 **한옥**이 있는 마을로 갔어요. 제시는 한옥을 보며 신기해했어요.

기와

제시는 한옥의 **기와**가 인상적이라고 했어요. 모양도 아름답고 비를 잘 막아 주는 기능이 놀랍다고 했지요.

다음 글을 읽으며, 빈칸에 들어갈 낱말을 따라 써 보세요.

우리나라에는 오랜 시간 동안 전해 내려오는 ⁽¹⁾전통문화 가 있어요. 전통문화에는 우리의 고유한 가치가 담겨 있지요. 음식이나 옷 그리고 집에서도 우리 전통문화를 찾을 수 있어요.

예를 들어, 음식 중에는 ⁽²⁾김치 가 있어요. 김치는 절인 배추나 무에 양념을 묻혀 발효시킨 음식으로, 영양소가 풍부하게 들어 있지요. 또한 전통 옷인 ⁽³⁾한복 이 있어요. 우리 조상들이 입던 고유의 옷으로, 아름다운 색깔과 선 그리고 편안한 착용감이 특징이에요. 마지막으로 우리 조상들이 지어 살았던 ⁽⁴⁾한옥 은 세계에서 가장 과학적인 집으로 알려져 있어요. 앞뒤가 뚫려 있어서 여름에는 시원하게 지낼 수 있는 마루가 있고, 눈과 비를 막아 주며 아름다운 곡선으로 지붕을 덮고 있는 ⁽⁵⁾기와 도 있지요.

우리는 앞으로도 이러한 우리나라의 소중한 전통문화를 계속 잊지 않고 전해 가야 해요.

확인 ☑

* **전통문화** 그 나라에서 발생하여 전해 내려오는 그 나라 고유의 문화.

* **김치** 소금에 절인 배추나 무 등을 고춧가루, 파, 마늘 등의 양념에 버무린 뒤 발효를 시킨 음식.

* **한복** 한국 사람이 입는 전통적인 옷.

* **한옥** 우리나라 고유의 형식으로 지은 집.

* **기와** 흙이나 시멘트 등을 일정한 모양으로 굽거나 굳혀서 지붕을 덮는 데 쓰는 물건.

 1단계 확인과 적용

01 다음 낱말의 뜻으로 알맞은 것을 찾아 선으로 이으세요.

(1) 한옥 •

(2) 한복 •

(3) 전통문화 •

• ㉠ 한국 사람이 입는 전통적인 옷.

• ㉡ 우리나라 고유의 형식으로 지은 집.

• ㉢ 그 나라에서 발생하여 전해 내려오는 그 나라 고유의 문화.

02 다음 빈칸에 들어갈 알맞은 낱말을 보기에서 찾아 쓰세요.

> **보기**
>
> 한옥   기와   한복

(1) (   )은/는 나무로 기둥을 세우고 흙으로 벽을 만든다.

(2) 나와 동생은 명절에 (   )을/를 입고 부모님과 함께 할머니 댁에 갔다.

(3) 아버지께서는 할아버지 댁의 지붕에서 낡은 기와를 버리고 새 (   ) 을/를 덮으셨다.

03 다음 대화의 빈칸에 들어갈 알맞은 낱말에 ○표 하세요.

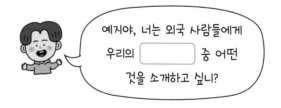 예지야, 너는 외국 사람들에게 우리의 [   ] 중 어떤 것을 소개하고 싶니?

 음, 나는 음식을 소개하고 싶은데, 특히 김치에 대해 알려 주고 싶어.

(한옥 , 전통문화)

04 다음 중 밑줄 친 낱말이 바르게 사용된 것을 찾아 ○표 하세요.

① 할머니께서 오랫동안 사시던 전통문화에는 할머니의 손길이 남아 있다.

(   )

② 푸른 산을 마주하고 있는 작은 집의 지붕에는 붉은색의 기와가 얹혀 있었다.

(   )

05 다음 빈칸에 들어갈 낱말로 알맞은 것을 찾아 ○표 하세요.

> ☐은 남자와 여자의 차림이 달라요. 여자는 저고리와 치마를 입는데, 저고리는 짧고 치마는 길고 풍성해요. 반면, 남자는 저고리와 바지를 입으며, 저고리는 길고 품이 넉넉한 편이에요.

(한옥 , 한복)

06 다음 빈칸에 공통으로 들어갈 낱말로 알맞은 것은 무엇인가요? (   )

> ☐은/는 재료에 따라 종류가 달라져요. 배추를 소금에 절인 후 양념을 넣어 버무려 만드는 배추☐가 있고, 무를 작은 네모 모양으로 썰어서 양념에 버무려 만드는 깍두기도 있어요. 그리고 오이를 주재료로 하여 양념을 버무려 만드는 오이☐도 있답니다.

① 김치   ② 한복   ③ 한옥   ④ 기와   ⑤ 특산물

2단계   **활용**

07 다음 보기와 같이 주어진 낱말을 넣어 짧은 문장을 만들어 쓰세요.

> 보기
>
> 전통문화
>
> ✎ 학교에서 우리나라 전통문화를 체험할 수 있는 시간을 마련했다.

(1) 한옥

✎ --

(2) 기와

✎ --

01 다음 빈칸에 들어갈 낱말로 알맞은 것은 무엇인가요? (   )

> 선인장은 물이 없고 뜨거운 [   ]에서도 잘 자란다.

① 축제   ② 사막   ③ 빙하   ④ 한복   ⑤ 동굴

02 다음 중 밑줄 친 낱말을 바르게 사용하여 말한 친구의 이름을 쓰세요.

소율: 우리나라는 명절에 조상들께 차례를 지내는 전통문화가 있어.

윤호: 기와는 예로부터 우리 조상들이 짓고 살아온 집을 뜻해.

(   )

03 다음 빈칸에 들어갈 알맞은 낱말을 보기에서 찾아 쓰세요.

보기
축제   김치   특산물

(1) 우리 엄마가 담그신 (   )은/는 매콤하지만 맛있다.

(2) 제주도에는 귤, 한라봉, 흑돼지 등 다양한 (   )이/가 있다.

(3) 장미 (   )이/가 열린 공원에는 수백 종이 넘는 장미가 전시되어 있었다.

04 다음 중 밑줄 친 낱말이 바르게 사용된 것을 찾아 ○표 하세요.

① 할머니 댁의 지붕에 올려진 지 오래된 지형을 새로 바꿨다. (   )

② 갑자기 화산이 폭발하여 주변에 있던 많은 사람이 대피해야 했다.

(   )

05 다음 ㉠~㉣ 중 문장에서 <u>잘못</u> 쓰인 낱말을 찾아 기호를 쓰세요.

> 무더운 날씨, 어디론가 떠나고 싶지 않으신가요? 더위가 전혀 느껴지지 않는 깊은 ㉠<u>동굴</u>로 ㉡<u>체험</u>을 떠나 보세요! 충청북도 단양군 단양읍에 ㉢<u>전시한</u> '고수동굴'을 추천합니다. 이 동굴은 천연기념물로 지정된 곳으로, 시원할 뿐만 아니라 다양한 바위가 멋지게 늘어서 있어서 지하 궁전이라고 불리기도 합니다. 동굴을 체험한 후에는 단양의 ㉣<u>특산물</u>인 마늘로 만든 맛있는 음식들도 즐길 수 있답니다.

(   )

06 다음 빈칸에 공통으로 들어갈 낱말로 알맞은 것은 무엇인가요? (   )

> 산이: 삼촌, 어제 민속촌에서 [   ]을/를 봤어요. 그런데 사물놀이와는 어떤 점이 다른 거예요?
>
> 삼촌: 응, 사물놀이는 징, 꽹과리, 북, 장구 이렇게 네 가지의 악기만 사용하고, [   ]은/는 태평소나 소고 같은 악기도 사용한단다. 그리고 사물놀이는 실내에서 주로 연주하지만, [   ]은/는 주로 밖에서 연주한단다.
>
> 산이: 그렇구나! 둘 다 흥이 나고 신이 난다는 것은 같네요.

① 공연   ② 특산물   ③ 줄다리기   ④ 강강술래   ⑤ 풍물놀이

07 다음 글에서 설명하는 내용은 무엇인지, 빈칸에 들어갈 낱말을 글에서 찾아 두 글자로 쓰세요.

> 우리나라 전통 집인 한옥은 지붕에 기와를 얹거나 볏짚을 덮어서 만들어졌어요. 그중 기와는 보통 찰흙으로 만들어 검은색을 띠지만, 일부 신분이 높은 양반들은 푸른색 기와를 사용하기도 했어요. 기와를 만들 때는 먼저 흙을 반죽해서 모양을 만들어요. 그리고 불을 피운 가마에 구워서 단단하게 만들지요.

➡ 한옥의 지붕에 얹은 (   )

여러분은 강강술래를 해 본 적이 있나요? '강강술래'는 예로부터 전해 내려오는 우리나라의 민속놀이예요. 주로 ㉠ 을/를 입은 여자들이 손을 잡고, 노래를 부르며 둥글게 춤을 추는 형태의 놀이랍니다.

우리 조상들은 왜 강강술래라는 놀이를 하게 되었을까요? 강강술래가 언제 어떻게 시작되었는지는 정확히 알 수 없어요. 하지만 몇 가지 전해져 오는 유래가 있어요.

첫 번째로, 일 년 동안 지은 농사의 수확을 축하하는 ㉡ 을/를 열어 추었던 춤에서 강강술래가 시작되었다는 설이 있어요. 농민들이 수확이 잘되기를 바라는 마음을 담아 다 같이 원을 그리며 춤을 추었던 것이죠.

두 번째로, 강강술래가 조선 시대 임진왜란 때 이순신 장군에 의해 만들어졌다는 설도 있어요. 당시 이순신 장군은 우리나라를 침략한 일본군에게 우리의 군사가 많아 보이게 하려고 여자들에게 남자 옷을 입혀 산 주위를 빙빙 돌게 했다는 데서 강강술래가 전해졌다는 이야기예요.

이처럼 다양한 유래가 선해지는 강강술래는 오늘날까지 많은 사람들에게 사랑받으며 우리의 소중한 전통 민속놀이로 남아 있답니다.

08 다음 중 ㉠과 ㉡에 들어갈 낱말을 바르게 짝 지은 것은 무엇인가요?

( )

① ㉠: 한복 - ㉡: 한옥 　② ㉠: 한옥 - ㉡: 기와 　③ ㉠: 기와 - ㉡: 축제

④ ㉠: 한복 - ㉡: 지형 　⑤ ㉠: 한복 - ㉡: 축제

09 다음 뜻을 가진 낱말을 이 글에서 찾아 네 글자로 쓰세요.

사람들 사이에 전하여 내려오는 놀이.

( )

10 다음은 이 글의 중심 내용입니다. 빈칸에 들어갈 알맞은 낱말은 무엇인가요?

( )

□□□은/는 예로부터 전해 내려오는 우리나라의 민속놀이로, 다양한 유래가 전해지는 우리의 소중한 전통문화이다.

① 씨름 　② 축제 　③ 풍물놀이 　④ 줄다리기 　⑤ 강강술래

디지털 속 한 문장

다음을 보고, 민속놀이라는 낱말을 넣어 자신의 경험을 글로 써 보세요.

#민속놀이 #재밌다 #윷놀이

명절에 가족들과 모여서 우리나라 전통 민속놀이인 윷놀이를 했다. 두 명씩 짝을 지어서 윷놀이를 했는데, 내가 윷이 세 번이나 연달아 나와서 우리 편이 이겼다. 너무 신나고 재밌었다.

과학

01~04

주제별로 묶어 어휘를 의미적으로 연결하여 학습해 봐!

다양한 날씨를 알아볼까?

퐁당이가 전에 살던 연못은 지난여름에 **가뭄**으로 바싹 말라 버렸기 때문에 더 살 수가 없었어요.

가 뭄

퐁당이가 새 연못 주변을 살필 때, 갑자기 **뇌우**가 쏟아졌어요. 퐁당이는 얼른 연잎 아래로 들어갔어요.

뇌 우

날 씨

새로운 연못으로 이사를 한 퐁당이는 이곳의 **날씨**가 어떨지 걱정이었어요.

우 박

비가 조금 멎는 듯하더니 커다란 **우박**이 떨어졌어요. 퐁당이는 겨울이 되면 날씨가 더 나빠질 것 같아 걱정했어요.

폭 설

겨울이 되어 연못에는 **폭설**이 내렸어요. 걱정과 달리 퐁당이는 눈이 오는지도 모른 채 깊은 겨울잠에 들었어요.

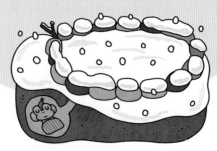

다음 글을 읽으며, 빈칸에 들어갈 낱말을 따라 써 보세요.

매일 달라지는 ⁽¹⁾ 날 씨 는 우리의 생활에 큰 영향을 주어요. 맑은 날도 있고, 비가 내리거나 눈이 오는 날도 있어요. 이 외에도 우리가 겪을 수 있는 다양한 날씨에는 어떤 것들이 있을까요?

먼저, ⁽²⁾ 가 뭄 을 겪을 수 있어요. 가뭄은 특정한 지역에 오랫동안 비가 내리지 않아서 메말라 가는 현상으로, 오래 계속되면 농작물이 잘 자라지 않을 수 있어요. 또한, ⁽³⁾ 뇌 우 도 겪을 수 있어요. 뇌우는 비가 세차게 내리면서 천둥이나 번개가 함께 나타나는 현상이에요. 날씨가 불안정할 때는 ⁽⁴⁾ 우 박 이 떨어질 수 있어요. 우박은 하늘에서 떨어지는 얼음덩어리로, 크기가 큰 경우에는 야구공보다도 더 클 수 있어서 맞지 않도록 조심해야 해요. 마지막으로, 갑자기 많은 눈이 내리는 ⁽⁵⁾ 폭 설 을 겪을 수도 있어요. 보통 폭설은 매서운 추위와 함께 나타나요.

이렇게 날씨가 달라지는 까닭은 무엇일까요? 그날의 온도, 습도, 바람 등 여러 가지 요소가 날씨에 영향을 주기 때문이에요.

낱말밭 사전

확인 ☑

* **날씨** 그날그날의 비, 구름, 바람, 기온 등이 나타나는 기상 상태.

* **가뭄** 오랫동안 계속하여 비가 내리지 않아 메마른 날씨.

* **뇌우** 천둥이나 번개가 함께 생기는 비.

* **우박** 큰 물방울들이 공중에서 갑자기 찬 기운을 만나 얼어서 떨어지는 얼음덩어리.

* **폭설** 갑자기 많이 내리는 눈.

 확인과 적용

01 다음 낱말의 뜻으로 알맞은 것을 찾아 선으로 이으세요.

(1) 날씨 •

(2) 뇌우 •

(3) 폭설 •

• ㉠ 갑자기 많이 내리는 눈.

• ㉡ 천둥이나 번개가 함께 생기는 비.

• ㉢ 그날그날의 비, 구름, 바람, 기온 등이 나타나는 기상 상태.

02 다음 중 밑줄 친 낱말을 바르게 사용하여 말한 친구의 이름을 쓰세요.

서연: 지난밤 우박이 내리며 창문을 두드리는 소리에 잠에서 깼어.

민규: 오랫동안 이어진 폭설 때문에 식물이 다 말라 죽고 있어.

(   )

03 다음 문장에 어울리는 낱말을 찾아 ○표 하세요.

(1) 커다란 (우박 , 날씨)이/가 쏟아져서 나무의 잎에 구멍이 뚫렸다.

(2) 비가 그치고 (날씨 , 가뭄)이/가 맑아지자, 미세 먼지 없는 푸른 하늘이 드러났다.

(3) 갑작스럽게 몰아치는 (가뭄 , 뇌우)(으)로 인해 놀란 사람들은 귀를 막고 허둥지둥 달려갔다.

04 다음 빈칸에 들어갈 낱말로 알맞은 것은 무엇인가요? (   )

> 며칠 동안 내린 [   ]의 무게를 견디지 못해 지붕이 내려앉은 집들이 많았다.

① 한파   ② 폭염   ③ 황사   ④ 뇌우   ⑤ 폭설

05 다음 ㉠과 ㉡에 들어갈 알맞은 낱말을 보기에서 찾아 쓰세요.

> **보기**
>
> 가뭄   날씨

> 수현: 오늘 [㉠]이/가 정말 덥네. 비라도 좀 내렸으면 좋겠어.
> 영민: 맞아, 요즘 비가 내리지 않아서 농사를 짓는 삼촌이 걱정이 많으셔.
> 수현: 아, [㉡]이/가 심해서 농작물이 자라는 데 피해를 보는구나.
> 영민: 맞아, 밭이 다 마르고 있다고 해. 비가 좀 내렸으면 좋겠어.

(1) ㉠: (   )   (2) ㉡: (   )

06 다음 밑줄 친 낱말과 같은 낱말이 들어갈 문장에 ○표 하세요.

> 하늘이 점점 흐려지더니, 갑자기 <u>우박</u>이 우르르 쏟아지기 시작했다.

① 밤새 [   ]이/가 내려서 강아지의 집이 눈으로 뒤덮였다. (   )

② 나는 [   ]이/가 우산에 토도독토도독하며 떨어지는 소리에 깜짝 놀랐다. (   )

2단계 활용 ～～～～～～～～～～～～～～～～～～～～～～～～～

07 다음 보기와 같이 주어진 낱말을 넣어 짧은 문장을 만들어 쓰세요.

> **보기**
>
> 뇌우
>
> ✎ 창문 밖에 뇌우가 몰아치자 교실에 있던 친구들이 비명을 질렀다.

(1) 폭설

✎ ---

(2) 가뭄

✎ ---

뉴스에서 리포터가 **기상청**에서 받은 날씨 정보를 전하고 있었어. 우리나라를 향해 태풍이 다가오고 있다고 말했지.

기 상 청

리포터는 태풍이 지나가는 길과 태풍의 크기가 그려진 **일기도**를 보며 설명했어. 태풍의 위력이 상당해 보였지.

일 기 도

일 기 예 보

나는 엄청난 빗소리에 놀라 잠에서 깨어 **일기 예보**를 확인했어.

예 측

태풍은 현재 남쪽 지방을 지나고 있었고, 내가 살고 있는 서울에는 아마 내일 밤쯤 도착할 것으로 **예측**된다고 했어.

기 상 특 보

그때, **기상 특보**가 내려졌다는 재난 문자가 왔어. 전국에 호우주의보가 내려진 것이었지. 나는 너무 무서웠어.

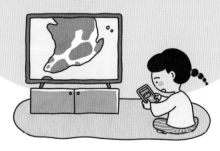

다음 글을 읽으며, 빈칸에 들어갈 낱말을 따라 써 보세요.

우리는 날씨가 어떤지 궁금할 때 (1) 일 기 예 보 를 봐요. 일기 예보는 우리에게 필요한 날씨 정보를 전달해 주지요.

일기 예보를 만드는 데 가장 중요한 역할을 하는 곳이 있어요. 바로 (2) 기 상 청 이에요. 기상청은 전국의 기상 관측소와 위성, 레이더 등을 통해 하늘과 바다, 공기의 상태를 관측하고 기상 정보를 수집해요. 이렇게 모은 자료와 현재 날씨 상태를 바탕으로 미래의 날씨를 (3) 예 측 해요.

날씨를 예측한 결과는 (4) 일 기 도 로 나타낼 수 있어요. 일기도에는 기온, 바람의 속도와 방향, 공기의 압력 등을 숫자와 기호, 선 등으로 표시해요. 일기도를 보면 날씨의 흐름을 알 수 있지요.

만약에 태풍이나 홍수, 폭염 등 갑작스러운 날씨 변화가 예상된다면 기상청은 (5) 기 상 특 보 를 내릴 수 있어요. 기상 특보를 통해 사람들에게 위험한 날씨 상황에 대해 경고해 주고, 안전을 유지할 수 있도록 도와주지요.

낱말밭 사전

확인 ☑

* **일기 예보** 날씨의 변화를 짐작하여 미리 알리는 일. ☐

* **기상청** 우리나라의 날씨 상태를 관찰하고 짐작하여 미리 알려 주는 일을 맡아보는 행정 기관. ☐

* **일기도** 어떤 지역의 일정한 시각 또는 시간대의 날씨 상태를 나타낸 그림. ☐

* **예측** 미리 헤아려 짐작함. ☐

* **기상 특보** 날씨에 갑작스러운 변화나 이상 현상이 생겼을 때, 매체를 통해 일반 사람들에게 특별히 알리는 소식. ☐

확인과 적용

01 다음 낱말의 뜻으로 알맞은 것을 **보기**에서 찾아 기호를 쓰세요.

> **보기**
> ㉠ 날씨의 변화를 짐작하여 미리 알리는 일.
> ㉡ 어떤 지역의 일정한 시각 또는 시간대의 날씨 상태를 나타낸 그림.
> ㉢ 우리나라의 날씨 상태를 관찰하고 짐작하여 미리 알려 주는 일을 맡아 보는 행정 기관.

(1) 기상청 (   ) (2) 일기도 (   ) (3) 일기 예보 (   )

02 다음 빈칸에 들어갈 낱말로 알맞은 것을 찾아 선으로 이으세요.

(1) 며칠 동안 계속 강한 비가 오자 [   ]
이/가 내려졌다.   · ㉠ [예측]

(2) 지진이 언제 일어날지 [   ]하기 어
려우므로 항상 대비하고 있어야 한다.   · ㉡ [일기도]

(3) [   ]을/를 보면 북쪽에서 우리나라
쪽으로 찬바람이 불고 있다는 것을 알 수·   · ㉢ [기상 특보]
있다.

03 다음 첫 자음자를 보고, 빈칸에 들어갈 알맞은 낱말을 쓰세요.

(1) [ㅇ] [ㅊ]

✎ 내 동생은 정말 독특해서 항상 어떤 행동을 할지 (   )할 수가
없다.

(2) [ㄱ] [ㅅ] [ㅊ]

✎ (   )은/는 올해 우리나라에 엄청난 추위가 올 것이라고 예보
했다.

04 다음 빈칸에 들어갈 낱말로 알맞은 것을 찾아 ○표 하세요.

> 늦잠을 잔 자원이는 깨워 주지 않은 엄마를 탓하며 짜증을 냈어요. 엄마께서는 ☐☐☐을/를 보니 오후에 비가 올 것 같다며 우산을 챙겨 주셨어요. 자원이는 날씨가 맑은데 무슨 우산이냐며 툴툴댔지만, 우산을 들고 나갔어요. 그런데 오후에 정말로 비가 내렸어요. 자원이는 내리는 비를 보며 엄마께 미안하고 고마운 마음이 들었어요.

(예측 , 일기 예보)

05 다음 빈칸에 들어갈 낱말로 알맞은 것은 무엇인가요? (   )

> 오늘도 어제와 마찬가지로 무더위가 계속될 것이라는 ☐☐☐이/가 내려졌습니다. 오늘의 최저 기온은 25도, 한낮의 최고 기온은 36도에 이를 것으로 예상됩니다. 한낮에 바깥 활동은 최대한 자제하시고, 외출 시에는 모자와 양산을 챙기시기 바랍니다.

① 뇌우   ② 폭설   ③ 가뭄   ④ 일기도   ⑤ 기상 특보

활용

06 다음 문장의 빈칸에 들어갈 낱말을 보기에서 찾아 쓰고, 완성한 문장을 그대로 따라 써 보세요.

> **보기**
>
> 예측   일기도   기상 특보   일기 예보

(1) (   )은/는 기호나 숫자로 날씨를 표시한 그림이다.

✎ --

(2) 모두 이 경기에서 우리 팀이 승리할 것으로 (   )하였다.

✎ --

과학
주제 **03** **곤충의 몸을 살펴볼까?**

잠자리는 자기 **머리**의 절반 이상을 차지하는 큰 눈으로 호랑나비가 쉴 수 있는 좋은 장소를 찾아 주었어요.

머 리

사마귀는 머리 위의 **더듬이**를 흔들며 호랑나비가 먹을 수 있는 꿀을 찾기 위해 꽃밭을 돌아다녔어요.

더 듬 이

곤 충

몸이 아픈 호랑나비를 도와주기 위해 **곤충**들이 모두 모였어요.

가 슴

개미들은 **가슴**에 달린 여섯 개의 다리로 부지런히 움직이며 호랑나비에게 이불이 되어 줄 나뭇잎을 구했어요.

배

꿀벌들은 호랑나비에게 주기 위해 **배** 안에 있는 꿀주머니에서 저장해 두었던 꿀을 꺼내어 모았어요.

다음 글을 읽으며, 빈칸에 들어갈 낱말을 따라 써 보세요.

(1) 곤 충 은 지구에서 가장 다양한 종을 가진 생물이에요. 약 100만 종 이상이 있다고 알려졌어요. 우리가 흔히 볼 수 있는 곤충에는 모기, 개미, 잠자리 등이 있지요.

곤충의 몸은 크게 세 부분으로 나눌 수 있어요. 첫 번째 부분은 (2) 머 리 예요. 머리에는 눈과 입 그리고 한 쌍의 (3) 더 듬 이 등이 달려 있어요. 더듬이는 주변 환경을 살피거나, 냄새를 맡거나, 적이 있는지 알아내는 등의 여러 가지 역할을 해요. 두 번째 부분은 (4) 가 슴 인데, 머리와 배 사이의 부분을 말해요. 가슴에는 보통 여섯 개의 다리가 달려 있거나, 한 쌍의 날개가 달려 있어요. 세 번째 부분은 (5) 배 예요. 배는 음식을 먹고 소화하는 기능이나 번식을 위한 생식 기능, 숨구멍을 통해 호흡하는 기능 등 여러 가지 중요한 역할을 해요.

곤충에 따라 몸의 모양이나 구조가 달라요. 이러한 몸의 구조는 곤충이 다양한 환경에 적응하고 살아가는 데 도움을 준답니다.

낱말밭 사전

확인 ☑

* **곤충** 머리, 가슴, 배의 세 부분으로 되어 있고, 마디가 많으며 세 쌍의 다리를 가진 작은 동물. ☐

* **머리** ① 사람이나 동물의 목 위의 부분. ② 곤충에서 눈과 입, 더듬이 등이 있는 부분. ☐

* **더듬이** 곤충의 머리에 달려 있어 무엇을 더듬어 알아보는 길고 뾰족한 기관. ☐

* **가슴** ① 사람이나 동물의 목과 배 사이에 있는 몸의 앞부분.
② 곤충에서 머리와 배 사이에 있고, 날개와 다리가 있는 부분. ☐

* **배** ① 사람이나 동물의 가슴과 엉덩이 사이에 있는 몸의 앞부분.
② 곤충에서 여러 마디로 되어 있으며 숨구멍, 항문 등이 있는 부분. ☐

1단계 확인과 적용

01 다음 뜻을 가진 낱말을 보기에서 찾아 쓰세요.

> **보기**
>
> 가슴   곤충   더듬이

(1) 곤충에서 머리와 배 사이에 있고, 날개와 다리가 있는 부분. (   )

(2) 곤충의 머리에 달려 있어 무엇을 더듬어 알아보는 길고 뾰족한 기관.

(   )

(3) 머리, 가슴, 배의 세 부분으로 되어 있고, 마디가 많으며 세 쌍의 다리를 가진 작은 동물. (   )

02 다음 빈칸에 들어갈 낱말로 알맞은 것은 무엇인가요? (   )

> 아빠께서는 추워서 떨고 있는 나를 [   ]에 품어 따뜻하게 해 주셨다.

① 머리   ② 날개   ③ 가슴   ④ 다리   ⑤ 더듬이

03 다음 빈칸에 들어갈 알맞은 낱말을 보기에서 찾아 쓰세요.

> **보기**
>
> 배   머리   곤충   더듬이

(1) 우리는 (   )을/를 숙여 공손하게 선생님께 인사를 했다.

(2) 우리 몸의 (   )에는 위장, 창자 등의 중요한 장기들이 있다.

(3) 물벼룩, 물방개, 물매미 등은 물속에서 볼 수 있는 (   )이다.

(4) 귀뚜라미는 두 (   )을/를 세워서 한참 동안 주위를 살피더니 먹이를 가져갔다.

04 다음 빈칸에 공통으로 들어갈 낱말로 알맞은 것은 무엇인가요? (   )

'_____'은/는 사람이나 동물의 몸에서 가슴과 엉덩이 사이에 있는 부분을 뜻해요. 그런데 사람이나 물건을 싣고 강이나 바다를 지날 수 있는 탈것도 '_____'라고 하지요. 또 맛있는 과일 중에도 '_____'이/가 있어요. 이렇게 글자의 모양과 소리는 같지만 다른 뜻으로 쓰이는 낱말들이 있답니다.

① 배   ② 가슴   ③ 곤충   ④ 머리   ⑤ 더듬이

05 다음 빈칸에 공통으로 들어갈 낱말로 알맞은 것을 찾아 ○표 하세요.

수정: 애리야, 너는 어떤 [   ]을/를 좋아해?

애리: 나는 거미가 좋아. 내가 싫어하는 파리나 모기를 잡아 주기 때문이야.

수정: 거미는 [   ]이/가 아니야. 곤충은 다리가 6개 있어야 하는데, 거미는 다리가 8개잖아.

애리: 정말이야? 우아, 역시 수정이 너는 [   ] 박사구나.

(곤충 , 동물 , 더듬이)

2단계 **활용**

06 다음 보기와 같이 주어진 낱말을 넣어 짧은 문장을 만들어 쓰세요.

보기

[머리]

✎ 사람의 몸은 크게 머리, 몸통, 팔, 다리로 나뉜다.

(1) [더듬이]

✎ --

(2) [곤충]

✎ --

동식물은 겨울나기를 어떻게 할까?

꼬뭉이는 **겨울잠**을 자야 하므로 먹이를 많이 먹어 두어야 해요. 딱정벌레를 발견하고 얼른 잡아먹었어요.

겨 울 잠

꼬뭉이는 먹이를 찾기 위해 땅을 팠지만, **알뿌리**로 겨울을 준비하는 감자의 줄기만 발견하고 아쉬워했어요.

알 뿌 리

겨 울 나 기

꼬뭉이는 겨울이 다가오자 **겨울나기**를 위해 먹이를 찾기로 했어요.

겨 울 눈

꼬뭉이는 먹이를 찾다가 참나무를 보았어요. 참나무의 가지에는 봄에 필 싹을 감싼 **겨울눈**이 달려 있었지요.

털 갈 이

꼬뭉이는 먹이를 찾던 중 여우의 털을 발견했어요. 겨울털로 **털갈이**하는 여우가 나타날까 봐 황급히 숨었어요.

다음 글을 읽으며, 빈칸에 들어갈 낱말을 따라 써 보세요.

동물과 식물은 겨울이 다가오면 추운 겨울을 잘 보내기 위한 방법을 찾아요. 바로 ⁽¹⁾ 겨 울 나 기 를 준비하는 것이지요. 식물은 겨울나기를 어떻게 할까요? 먼저 나무는 가을에 나뭇잎이 떨어진 자리에 ⁽²⁾ 겨 울 눈 을 만들어요. 겨울 동안 잎눈이나 꽃눈이 얼지 않도록 껍질을 만들어 보호하는 거예요. 또한 ⁽³⁾ 알 뿌 리 식물은 땅에 있는 뿌리에 영양분을 모아서 겨울을 보내요. 그렇다면 동물은 겨울나기를 어떻게 할까요? 추위를 이길 수 있는 동물들은 따뜻한 털로 ⁽⁴⁾ 털 갈 이 를 한 후 겨울을 보내요. 반면 먹이를 찾기 어렵고, 추위도 견디기 힘든 동물들은 겨울 내내 ⁽⁵⁾ 겨 울 잠 을 자며 보내지요. 자기 전에 미리 먹이를 많이 먹어서 충분한 에너지를 저장한 뒤에 땅속이나 굴속 등 따뜻한 곳에서 겨울잠을 자요.

이렇게 식물과 동물은 각기 다른 방법으로 겨울을 맞이하여 지혜롭게 보낸답니다.

낱말밭 사전

확인 ☑

* **겨울나기** 겨울을 지내는 것. ▢

* **겨울잠** 겨울이 되면 동물이 활동을 멈추고, 봄이 올 때까지 땅속 등에서 잠자는 상태로 있는 것. ▢

* **알뿌리** 땅속에 있는 식물의 뿌리나 줄기 또는 잎 등이 달걀 모양으로 커져서 영양분을 저장한 것. ▢

* **겨울눈** ① 나무나 여러해살이 식물의 잎눈과 꽃눈이 추위에 얼지 않도록 보호하는 여러 겹의 껍질. ② 늦여름부터 가을 사이에 생겨 겨울을 넘기고 이듬해 봄에 자라는 싹. ▢

* **털갈이** 짐승이나 새의 묵은 털이 빠지고 새 털이 남. ▢

01 다음 낱말의 뜻으로 알맞은 것을 보기에서 찾아 기호를 쓰세요.

> **보기**
> ㉠ 겨울을 지내는 것.
> ㉡ 겨울이 되면 동물이 활동을 멈추고, 봄이 올 때까지 땅속 등에서 잠자는 상태로 있는 것.
> ㉢ 나무나 여러해살이 식물의 잎눈과 꽃눈이 추위에서 얼지 않도록 보호하는 여러 겹의 껍질.

(1) 겨울눈 (   ) (2) 겨울잠 (   ) (3) 겨울나기 (   )

02 다음 중 '털갈이'를 바르게 사용한 것을 찾아 ○표 하세요.

① 개구리는 겨울이 다가오면 <u>털갈이</u>를 잘 준비를 한다. (   )

② 우리 집 고양이가 <u>털갈이</u>를 시작하여 털이 많이 빠지고 있다. (   )

03 다음 중 밑줄 친 낱말을 바르게 사용하여 말한 친구의 이름을 쓰세요.

> 봄이 되면 산수유나무의 <u>알뿌리</u>에서 꽃이 피는 것을 볼 수 있어.
> 윤빈

> 다람쥐는 미리 먹이를 잔뜩 먹은 후 <u>겨울잠</u>을 자면서 겨울을 보내.
> 태현

(   )

04 다음 빈칸에 들어갈 낱말로 알맞은 것을 찾아 선으로 이으세요.

(1) 봄이 되자 목련의 [   ]에서 싹이 돋았다. •   • ㉠ 겨울잠

(2) 겨울이 지나 봄이 오면 [   ]을/를 자던 동물들이 깨어난다. •   • ㉡ 겨울눈

(3) 남극에 사는 펭귄들은 겨울이 오기 전에 깃털을 새 깃털로 바꾸는 [   ]을/를 한다. •   • ㉢ 털갈이

05 다음 빈칸에 들어갈 낱말로 알맞은 것을 찾아 ○표 하세요.

> 우리가 자주 먹는 채소 중에 감자와 고구마가 있어요. 이 채소들의 공통점은 무엇일까요? 이들은 모두 ⬜ 식물이에요. 땅속에서 영양분을 가득 채워 뿌리나 줄기가 달걀 모양으로 커진 부분을 먹는 것이지요.

(알뿌리 , 겨울눈)

06 다음 ㉠과 ㉡에 들어갈 알맞은 낱말을 보기에서 찾아 쓰세요.

> **보기**
>
> 겨울나기   털갈이

> 나의 사랑하는 강아지 후추야, 요즘 너의 ㉠ 때문에 우리 집은 어디에나 너의 털이 날리고 있어. 어머니께서는 네가 추운 겨울을 미리 준비하는 것이라고 말씀하셨어. 내가 따뜻한 옷을 사 줄 테니 털을 가는 대신 그 옷을 입고 ㉡ 을/를 하는 건 어떨까?

(1) ㉠: (   )   (2) ㉡: (   )

2 단계   활용

07 다음 보기와 같이 주어진 낱말을 넣어 짧은 문장을 만들어 쓰세요.

> **보기**
>
> 털갈이
>
> ✎ 털갈이를 한 강아지의 털들이 내 옷에 잔뜩 붙었다.

(1) 겨울눈

✎ ---

(2) 알뿌리

✎ ---

01 다음 빈칸에 들어갈 알맞은 낱말을 **보기**에서 찾아 쓰세요.

> **보기**
>
> 뇌우   기상청   더듬이   알뿌리

(1) 당근, 감자, 고구마는 모두 (   ) 채소이다.

(2) 오늘 눈이 내릴 거라던 (   )의 예측이 맞았다.

(3) (   )(으)로 순식간에 아파트 단지가 모두 정전이 되었다.

(4) 달팽이는 시력이 거의 없어서 (   )(으)로 주위를 감지하며 앞으로 나간다.

02 다음 빈칸에 들어갈 낱말로 알맞은 것은 무엇인가요? (   )

> 동생은 욕심을 부리며 아이스크림을 혼자 다 먹더니 [   ]이/가 아프다고 했다.

① 배   ② 취미   ③ 성격   ④ 행동   ⑤ 나이

03 다음 첫 자음자를 보고, 빈칸에 들어갈 알맞은 낱말을 쓰세요.

(1) [ㅇ] [ㅊ]

✎ 이번 주말까지 비가 100밀리미터(mm) 더 올 것으로 (   )되고 있다.

(2) [ㅇ] [ㅂ]

✎ 커다란 (   )이/가 쏟아져 내려서 비닐하우스에 구멍이 숭숭 뚫렸다.

(3) [ㄱ] [ㅅ]

✎ 어버이날, 나와 동생은 색종이로 카네이션을 만들어 부모님 (   )에 달아 드렸다.

정답 및 해설 28쪽

04 다음 밑줄 친 부분과 뜻이 비슷한 낱말은 무엇인가요? (   )

> 저는 현재, 강원도 설악산의 가장 높은 꼭대기인 대청봉에 올라와 있습니다. 어제부터 <u>많이 내린 눈</u> 때문에 이곳에는 나뭇가지마다 눈꽃이 피었습니다. 이 아름다운 풍경을 놓치지 않기 위해 많은 사람이 이곳을 찾고 있습니다.

① 폭염   ② 가뭄   ③ 뇌우   ④ 폭설   ⑤ 우박

05 다음 중 ㉠과 ㉡에 들어갈 알맞은 낱말을 바르게 짝 지은 것은 무엇인가요?

(   )

> 서연이는 식물에 관한 책을 읽다가 나무도 동물처럼 [㉠]을/를 위해 준비한다는 것을 알게 되었어요. 그래서 아파트 화단의 나무들을 관찰했어요. 나무에서 [㉡]을/를 발견했는데, 목련은 솜털로 뒤덮여 있었고, 칠엽수는 여러 겹이 보호막에 둘러싸여 있었어요. 봄이 되면 그곳에서 꽃이나 잎이 핀다는 사실이 정말 신기했어요.

① ㉠: 겨울눈 - ㉡: 겨울잠   ② ㉠: 알뿌리 - ㉡: 겨울눈
③ ㉠: 겨울잠 - ㉡: 알뿌리   ④ ㉠: 겨울눈 - ㉡: 겨울나기
⑤ ㉠: 겨울나기 - ㉡: 겨울눈

06 다음 글에서 설명하는 내용은 무엇인지, 빈칸에 들어갈 낱말을 글에서 찾아 두 글자로 쓰세요.

> 지구 온난화가 심해지면서 여러 자연재해가 발생하고 있어요. 특히, 오랫동안 비가 내리지 않는 가뭄이 늘어나고 있지요. 가뭄으로 인한 피해는 생각보다 심각해요. 가뭄이 오래 계속되면 지하수처럼 사람이 마실 수 있는 물이 부족해져요. 또한 농촌에서는 논밭에 뿌릴 물이 부족해서 농사가 어려워지고, 그로 인해 우리가 먹을 식량도 부족해질 수 있지요.

→ (   )(으)로 인한 심각한 피해

[07~09] 다음 글을 읽고, 물음에 답하세요.

곤충은 습도나 온도 등 환경 변화에 매우 민감하게 반응해요. 그래서 이들의 움직임을 잘 관찰하면 ㉠날씨를 ㉡예측하는 데 도움을 받을 수 있어요.

예를 들어, 개미들이 한 줄로 바쁘게 왔다 갔다 하면 다음 날은 구름이 많거나 비가 올 가능성이 있어요. 일부 연구에 따르면, 공기 중의 습기를 미리 알아차린 개미가 비가 오기 전에 알이나 애벌레를 안전한 곳으로 옮기는 행동을 한다고 해요. 또 잠자리가 낮게 날아다니면 다음 날 비가 오는 경우가 많다는 연구도 있어요. 잠자리의 먹이인 모기나 나비 같은 작은 곤충들은 비를 몰고 다니는 공기의 변화를 느끼면 낮게 날아다니는 경향이 있어요. 따라서 잠자리가 먹이를 잡기 위해 낮게 날아다닌다면 비가 올 가능성이 있다고 보는 거예요.

이런 곤충들의 행동이 기상청의 일기 예보만큼 날씨를 정확히 예측할 수는 없어요. 하지만 환경 변화에 대한 반응을 통해 날씨를 짐작해 볼 수 있다는 점이 흥미롭지 않나요?

07 ㉠과 ㉡의 뜻으로 알맞은 것을 **보기**에서 찾아 기호를 쓰세요.

보기
㉮ 미리 헤아려 짐작함.
㉯ 그날그날의 비, 구름, 바람, 기온 등이 나타나는 기상 상태.

(1) ㉠: (   )   (2) ㉡: (   )

08 다음 뜻을 가진 낱말을 이 글에서 찾아 네 글자로 쓰세요.

날씨의 변화를 짐작하여 미리 알리는 일.

(   )

09 다음은 이 글의 제목입니다. 빈칸에 들어갈 알맞은 낱말은 무엇인가요?
(   )

☐☐☐의 행동으로 날씨를 짐작해요

① 곤충   ② 지형   ③ 기상청   ④ 털갈이   ⑤ 겨울눈

디지털 속 한 문장

정답 및 해설 **28쪽**

다음을 보고, **곤충**이라는 낱말을 넣어 ㉠에 들어갈 대화 글을 써 보세요.

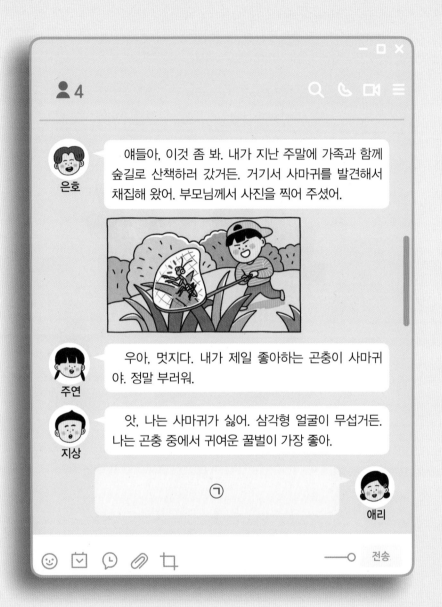

은호 얘들아, 이것 좀 봐. 내가 지난 주말에 가족과 함께 숲길로 산책하러 갔거든. 거기서 사마귀를 발견해서 채집해 왔어. 부모님께서 사진을 찍어 주셨어.

주연 우아, 멋지다. 내가 제일 좋아하는 곤충이 사마귀야. 정말 부러워.

지상 앗, 나는 사마귀가 싫어. 삼각형 얼굴이 무섭거든. 나는 곤충 중에서 귀여운 꿀벌이 가장 좋아.

애리 ㉠

과학

05~08

주제별로 묶어 어휘를 의미적으로 연결하여 학습해 봐!

다온이는 넘어지고 나서 팔이 너무 아팠어요. 팔을 보니 팔꿈치의 피부가 까져서 피가 나고 있었어요.

피부

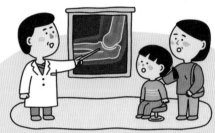

다온이는 엄마와 함께 정형외과에 갔어요. 의사 선생님께서는 엑스레이를 찍은 뒤, 뼈에는 이상이 없다고 하셨어요.

뼈

몸

다온이는 걷다가 돌에 발이 걸렸어요. 몸을 휘청거리다가 넘어지고 말았지요.

관절

의사 선생님께서는 다온이의 팔을 굽혔다가 펴 보시면서 다행히 팔꿈치의 관절도 다치지 않았다고 하셨어요.

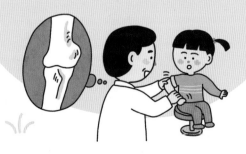

근육

다만, 의사 선생님께서는 다온이의 팔 근육에 무리가 간 것 같다며 보호대를 해 주셨지요.

다음 글을 읽으며, 빈칸에 들어갈 낱말을 따라 써 보세요.

우리의 ⁽¹⁾[몸]은 여러 중요한 부분으로 이루어져 있어요. 먼저, ⁽²⁾[피부]는 우리의 몸을 외부로부터 보호하고, 체온을 조절하게 해 주며 다양한 감각도 느끼게 해 주어요. 그리고 ⁽³⁾[뼈]는 우리 몸을 튼튼하게 지탱해 주고, 심장이나 위, 장과 같은 중요한 장기들을 보호해 주어요. 뼈와 뼈가 만나는 곳에는 ⁽⁴⁾[관절]이 있어서 뼈와 뼈를 연결하고, 그 움직임을 가능하게 해 주지요. 관절 덕분에 우리는 걸을 수 있고, 손과 발을 자유롭게 움직일 수 있어요. 또한, ⁽⁵⁾[근육]은 뼈에 붙어서 관절과 함께 작용하여 우리 몸이 움직일 수 있게 해 주고, 자세를 바르게 유지하는 데도 도움을 주어요.

이렇게 우리 몸의 피부, 뼈, 관절, 근육 등이 서로 조화롭게 각자의 기능을 하는 덕분에 우리는 건강하게 활동할 수 있답니다.

낱말밭 사전

확인☑

* **몸** 사람이나 동물의 머리에서 발까지의 전체.

* **피부** 동물의 몸 거죽을 싸고 있는 살가죽.

* **뼈** 동물의 살 속에 있어 몸을 지탱해 주는 단단한 조직.

* **관절** 뼈와 뼈가 서로 맞닿아 연결되어 있는 곳.

* **근육** 힘줄과 살을 통틀어 이르는 말.

01 다음 뜻을 가진 낱말을 <u>보기</u>에서 찾아 쓰세요.

보기

뼈   관절   근육

(1) 힘줄과 살을 통틀어 이르는 말. (   )

(2) 뼈와 뼈가 서로 맞닿아 연결되어 있는 곳. (   )

(3) 동물의 살 속에 있어 몸을 지탱해 주는 단단한 조직 (   )

02 다음 대화의 빈칸에 들어갈 알맞은 낱말에 ○표 하세요.

> 진아는 음식을 많이 먹는데, 왜 [   ]이/가 날씬하고 건강해 보일까?

> 그건 진아가 매일 열심히 운동을 해서 그런 것 같아.

(몸 , 관절)

03 다음 문장의 빈칸에 들어갈 낱말을 <u>보기</u>에 있는 글자 카드로 만들어 쓰세요.

보기

뼈   부   피

(1) 뜨거운 햇볕을 오래 쬐었더니 (   )이/가 검게 그을렸다.

(2) 전시된 공룡은 입이 매우 커서 턱 (   )의 길이가 내 키만큼이나 길었다.

04 다음 빈칸에 들어갈 낱말로 알맞은 것은 무엇인가요? (   )

> 아버지께서 팔에 힘을 주자 팔의 [   ]이/가 불뚝 나왔다.

① 뼈   ② 몸   ③ 관절   ④ 가슴   ⑤ 근육

05 다음 밑줄 친 낱말과 같은 낱말이 들어갈 문장에 ○표 하세요.

> 어머니께서는 넘어진 동생의 발목 관절이 부은 것을 보고 병원에 데려가셨다.

① 삼촌은 운동을 열심히 해서 팔과 다리의 [   ]이/가 매우 단단하다.

(   )

② 아버지께서는 컴퓨터 작업을 오래 하셔서 손목 [   ]이/가 아프다고 하셨다.

(   )

06 다음 빈칸에 공통으로 들어갈 낱말로 알맞은 것은 무엇인가요? (   )

> 우리 몸에는 많은 [   ]이/가 있어요. 태어날 때는 약 450개 정도 되지만, 몸이 자라면서 서로 뭉치거나 합해져서 어른이 되면 206개가 되지요. 그 중에서 가장 긴 [   ]은/는 넓적다리에 있어요. 길이가 약 50센티미터 정도 되며, 270킬로그램이 넘는 무게도 견딜 수 있을 만큼 강해요.

① 몸   ② 뼈   ③ 피부   ④ 근육   ⑤ 머리

2단계   **활용**

07 다음 보기와 같이 주어진 낱말을 넣어 짧은 문장을 만들어 쓰세요.

> **보기**
>
> 근육
>
> ✎ 운동선수들은 훈련이 끝나면 찜질을 하여 근육을 풀어 준다고 한다.

(1) 몸

✎ --

(2) 피부

✎ --

건강을 지키는 방법에는 무엇이 있을까?

포동이는 아침에 일어나자마자 30분 이상 여러 가지 운동을 해요. 체조를 하거나 줄넘기와 달리기도 하지요.

운 동

포동이는 아침, 점심, 저녁 식사를 정해진 시간에 해요. 음식을 가리지 않고 골고루 먹는 습관도 지니고 있어요.

습 관

건 강

포동이는 세상에서 건강을 지키는 것을 제일 중요하게 생각해요.

위 생

포동이는 평소에 위생을 지키기 위해 음식을 먹고 나면 이를 닦고, 밖에서 돌아오면 손을 깨끗이 씻어요.

예 방

포동이는 친구들을 만나거나 외출할 때 감기를 예방하기 위해서 마스크도 쓴답니다.

다음 글을 읽으며, 빈칸에 들어갈 낱말을 따라 써 보세요.

우리는 누구나 몸이 (1) 건강 하길 원해요. 건강을 유지하기 위해 무엇을 할 수 있을까요? 첫 번째로, 규칙적으로 (2) 운동 을 해야 해요. 매일 시간을 정해서 꾸준히 운동하면 몸이 튼튼해져 건강을 지킬 수 있어요. 두 번째로, 음식을 가리지 않고 골고루 먹는 (3) 습관 을 지녀야 해요. 패스트푸드나 탄산음료와 같은 몸에 좋지 않은 음식은 줄이고, 야채나 생선 등 몸에 좋은 음식을 먹는 것이 중요하지요. 세 번째로, 평상시 (4) 위생 을 지키는 것이 필요해요. 외출 후에는 가장 먼저 손을 씻고, 집을 항상 깨끗하게 유지하는 것도 건강을 지키는 방법이지요. 마지막으로, 병을 (5) 예방 하기 위해 예방 주사를 맞거나 병원에서 건강 검진을 정기적으로 받는 것이 좋아요. 이런 방법들을 실천하면 아프지 않고 건강을 지킬 수 있답니다.

낱말밭 사전

확인 ☑

* **건강** 정신적으로나 육체적으로 아무 탈이 없고 튼튼함. ☐

* **운동** 사람이 몸을 튼튼하게 하거나 건강을 위하여 몸을 움직이는 일. ☐

* **습관** 어떤 행동을 오랫동안 되풀이하는 동안에 저절로 굳어진 버릇. ☐

* **위생** 건강에 해로운 요소들을 없애고 건강을 보호하고 북돋는 일. ☐

* **예방** 병이나 사고 같은 것이 생기지 않도록 미리 막는 것. ☐

 1단계 확인과 적용

01 다음 낱말의 뜻으로 알맞은 것을 찾아 선으로 이으세요.

(1) 운동 •

(2) 위생 •

(3) 예방 •

• ㉠ 병이나 사고 같은 것이 생기지 않도록 미리 막는 것.

• ㉡ 건강에 해로운 요소들을 없애고 건강을 보호하고 북돋는 일.

• ㉢ 사람이 몸을 튼튼하게 하거나 건강을 위하여 몸을 움직이는 일.

02 다음 문장에 어울리는 낱말을 찾아 ○표 하세요.

(1) 규칙적인 생활은 (예방 , 건강)을 유지하는 데 도움이 된다.

(2) 음식을 만드는 사람은 (위생 , 운동)과 청결에 주의해야 한다.

(3) 아버지께서는 어려서부터 절약하는 (위생, 습관)이 몸에 배셨다.

03 다음 중 '예방'을 바르게 사용하여 말한 친구의 이름을 쓰세요.

재경: 나는 배탈이 나는 것을 예방하기 위해 여름에는 항상 끓인 물을 마셔.

만세: 나는 당황하면 머리를 긁적이는 예방이 있어.

(   )

04 다음 첫 자음자를 보고, 빈칸에 들어갈 알맞은 낱말을 쓰세요.

(1) | ㄱ | ㄱ |

✎ 우리 할머니께서는 마라톤 대회에 참가하실 정도로 (   )하시다.

(2) | ㅇ | ㄷ |

✎ 사람들은 건강을 지키기 위해 수영이나 배드민턴 등의 (   )을/를 꾸준히 한다.

05 다음 빈칸에 들어갈 낱말로 알맞은 것을 찾아 ○표 하세요.

> 어머니 : 유리야, 일어나면 양치를 먼저 해야 해.
> 유리: 어차피 지금 밥을 먹을 건데, 먹고 닦으면 안 될까요?
> 어머니: 그러면 밤새 입안에 생긴 세균을 먹게 되잖니. 양치를 해서 입속
> [   ]을/를 지켜야지.

(예방 , 위생)

06 다음 빈칸에 공통으로 들어갈 낱말로 알맞은 것은 무엇인가요? (   )

> '세 살 적 버릇 여든까지 간다'라는 속담이 있어요. 이 속담은 어릴 때 몸
> 에 익힌 버릇이 나이가 들어서도 쉽게 고쳐지지 않는다는 뜻을 담고 있어
> 요. 즉, 한번 몸에 익힌 [   ]은 다시 바로잡거나 고치기 어렵다는 것을
> 의미해요. 그렇기 때문에 어릴 때부터 나쁜 [   ]이 들지 않도록 주의
> 해야 하지요.

① 건강   ② 습관   ③ 예방   ④ 운동   ⑤ 위생

2단계 **활용**

07 다음 문장의 빈칸에 들어갈 낱말을 **보기**에서 찾아 쓰고, 완성한 문장을 그대로 따라 써 보세요.

> **보기**
> 건강   예방   운동   위생   습관

(1) 내가 가장 좋아하는 (   )은 농구이다.

✎ --

(2) 겨울이 되면 독감 (   ) 주사를 맞는 것이 좋다.

✎ --

토순이네는 산꼭대기로 이사를 가려고 올라갔어요. 이미 **대기**가 먼지로 가득 차서 숨을 쉬기가 어려웠어요.

대 기

토순이네는 강가로 가 봤지만 역시 살수 없었어요. 사람들이 버린 오물 때문에 **수질**이 더러워져 있었거든요.

수 질

오 염

토순이네 가족은 살던 곳이 **오염**이 되어 다른 곳으로 떠나야 했어요.

토 양

토순이네는 마지막 희망을 품고 벌판으로 갔어요. 하지만 쓰레기들로 인해 **토양**도 엉망이 된 상황이었지요.

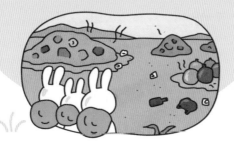

환 경

토순이와 가족은 깨끗했던 옛날 **환경**이 그리웠어요. 이제 어디에서 살아야 할지 너무나 걱정이 되었지요.

다음 글을 읽으며, 빈칸에 들어갈 낱말을 따라 써 보세요.

우리는 자연⁽¹⁾ 환 경 속에서 살아가고 있어요. 자연은 우리를 비롯하여 동물과 식물이 함께 살아가는 중요한 공간이지요. 그런데 이렇게 중요한 공간이 ⁽²⁾ 오 염 되고 있어요.

먼저, 우리가 숨을 쉴 때 마시는 공기가 있는 ⁽³⁾ 대 기 가 오염 되고 있어요. 자동차에서 나오는 매연이나 공장에서 발생하는 미세 먼지 등이 공기를 더럽히고 있지요. 또한 우리가 생활하는 데 쓰인 물, 세제나 샴푸, 공장에서 버려지는 폐수 등이 ⁽⁴⁾ 수 질 을 더럽 히고 있지요. 마지막으로 ⁽⁵⁾ 토 양 은 어떨까요? 우리가 무분별하 게 사용하고 버리는 플라스틱 제품, 쓰레기 등으로 인해 땅도 오염 되고 있어요.

우리가 깨끗한 환경 속에서 건강을 지키며 살기 위해서는 이러한 환경 오염을 줄이는 방법을 찾아 실천해야 해요.

낱말밭 사전

확인 ☑

* **오염** 더럽게 물듦. 또는 더럽게 물들게 함. ☐

* **대기** 지구를 둘러싸고 있는 모든 공기. ☐

* **수질** 물의 성분이나 성질. 물의 깨끗한 정도. ☐

* **토양** ① 식물이 자랄 수 있는 흙. ② 지구의 표면을 덮고 있는, 작은 알갱이로 이루어진 물질. ☐

* **환경** 사람과 생물에게 두루 영향을 끼치는 자연이나 사회의 조건이나 상태. ☐

 확인과 적용

01 다음 낱말의 뜻으로 알맞은 것을 **보기**에서 찾아 기호를 쓰세요.

> **보기**
> ㉠ 지구를 둘러싸고 있는 모든 공기.
> ㉡ 물의 성분이나 성질. 물의 깨끗한 정도.
> ㉢ 사람과 생물에게 두루 영향을 끼치는 자연이나 사회의 조건이나 상태.

(1) 수질 (   )   (2) 대기 (   )   (3) 환경 (   )

02 다음 빈칸에 들어갈 알맞은 낱말을 **보기**에서 찾아 쓰세요.

> **보기**
>
> 환경   대기

(1) 미세 먼지가 많은 날에는 (   )이/가 뿌옇고 흐릿하다.

(2) 새로 가족이 된 강아지는 (   )에 적응하기 위해 집 안을 돌아다
니며 냄새를 맡았다.

03 다음 대화의 빈칸에 들어갈 알맞은 낱말에 ○표 하세요.

우리 마을에 있는 강이 많이 [   ] 되었다고 해.

저런, 강물의 수질을 좋게 할 방법을 찾아야겠네.

(대기 , 오염)

04 다음 중 '토양'을 바르게 사용한 것을 찾아 ○표 하세요.

① 오염된 토양은 생물의 성장에 피해를 준다. (   )

② 숲속은 토양의 공기가 맑아서 숨을 쉬기가 편안하다. (   )

05 다음 ㉠과 ㉡에 들어갈 알맞은 낱말을 바르게 짝 지은 것은 무엇인가요?

(   )

> 수희는 오늘 학교에서 주변 [㉠   ]을/를 지키고 보호하는 활동을 했어요. 반 친구들과 함께 학교 연못 주위에 버려진 쓰레기를 모두 주웠어요. 수희는 깨끗해진 연못에서 헤엄치는 물고기를 보면서 환경 [㉡   ]을/를 줄이고 깨끗한 환경을 지키는 일에 앞장서야겠다고 생각했어요.

① ㉠: 오염 - ㉡: 대기   ② ㉠: 오염 - ㉡: 환경   ③ ㉠: 대기 - ㉡: 오염
④ ㉠: 수질 - ㉡: 환경   ⑤ ㉠: 환경 - ㉡: 오염

06 다음 밑줄 친 낱말과 같은 낱말이 들어갈 문장에 ◯표 하세요.

> 나무는 <u>대기</u> 중에 있는 오염 물질을 흡수해 공기를 깨끗하게 한다.

① 함부로 버려지는 쓰레기로 인해 강물의 [   ]가 안 좋아졌다.

(   )

② 매연을 발생시키는 자동차 대신 자전거를 타면 [   ]가 깨끗해진다.

(   )

2단계 **활용**

07 다음 문장의 빈칸에 들어갈 낱말을 **보기**에서 찾아 쓰고, 완성한 문장을 그대로 따라 써 보세요.

보기

수질   토양

(1) 환경 단체에서는 (   )을 검사하기 위해 흙을 가져갔다.

✎ -

(2) (   ) 오염으로 인해 강물 속의 물고기가 살 수 없게 되었다.

✎ -

저는 우주를 관찰해요. 별이나 행성 그리고 은하가 어떻게 움직이고 변화하는지 망원경을 통해 살펴보지요.

관찰

저는 우주에 대해 알고 싶은 것이 많아요. 별들은 어떻게 생겨났는지, 블랙홀은 무엇인지 등에 대해 탐구하지요.

탐구

과학자

저는 우주 과학자예요. 우주를 연구하는 아주 특별한 일을 하고 있지요.

측정

저는 특별한 장비들을 사용하여 별의 밝기나 행성이 지나가는 길 등을 측정하기도 해요.

실험

저는 실험을 통해 우주에서 일어나는 현상을 재현해 보기도 해요. 우주에서 일어나는 일을 더 잘 이해하기 위해서이죠.

다음 글을 읽으며, 빈칸에 들어갈 낱말을 따라 써 보세요.

(1) **과 학 자** 는 과학을 전문적으로 연구하는 사람이에요. 과학 분야는 매우 다양하며, 분야에 따라 과학자들이 하는 일이 달라요. 예를 들어, 동물이나 식물과 같은 생물을 자세히 (2) **관 찰** 하는 과학자를 생물학자라고 해요. 생물학자는 (3) **실 험** 을 통해서 생물의 구조와 기능 등을 알아내기도 해요. 또한 별이나 행성 등에 대해 의문을 가지고, 그 답을 찾기 위해 (4) **탐 구** 하는 과학자를 천문학자라고 해요. 천문학자들은 별과 행성이 얼마나 존재하는지, 우주가 어떤 구조인지 등을 연구하여 우주에 대한 우리의 이해를 넓혀 주어요. 그리고 지구를 이루고 있는 모든 물질에 대해 연구하는 화학자도 있어요. 화학자는 물질의 성질과 변화를 (5) **측 정** 하고 분석해요. 이를 통해 새로운 물질이나 약물 등을 만들어 내기도 하지요. 이처럼 다양한 분야를 연구하는 과학자들이 많답니다.

낱말밭 사전

확인 ✓

* **과학자** 과학의 한 분야에서 전문적으로 연구하는 사람.

* **관찰** 무엇을 주의하여 자세히 살펴봄.

* **탐구** 진리, 학문 등을 파고들어 깊이 연구함.

* **측정** 일정한 양을 기준으로 하여 같은 종류의 다른 양의 크기를 잼. 기계나 장치를 사용하여 재기도 함.

* **실험** ① 실제로 해 봄. ② 과학에서, 어떤 이론이 실제로 옳은지를 알아보기 위하여 일정한 조건이나 상황을 만들어서 관찰하고 측정함.

 확인과 적용 ~~~~~~

01 다음 낱말의 뜻으로 알맞은 것을 찾아 선으로 이으세요.

(1) 관찰 •

• ㉠ 무엇을 주의하여 자세히 살펴봄.

(2) 탐구 •

• ㉡ 진리, 학문 등을 파고들어 깊이 연구함.

(3) 과학자 •

• ㉢ 과학의 한 분야에서 전문적으로 연구하는 사람.

02 다음 빈칸에 들어갈 낱말로 알맞은 것은 무엇인가요? ( )

> 그는 곤충의 성장 과정에 대해 연구하는 [ ]이다.

① 경찰관　　② 소방관　　③ 과학자　　④ 수의사　　⑤ 예술가

03 다음 빈칸에 들어갈 낱말을 보기에 있는 글자 카드로 만들어 쓰세요.

> **보기**
>
> 실　　측　　험　　정

(1) 동물을 이용하여 약의 효능을 알아보는 ( )을 반대하는 사람이 많다.

(2) 우리 집에서 할머니네 집까지 몇 걸음이나 되는지 만보기로 ( ) 해 보았다.

04 다음 중 밑줄 친 낱말을 바르게 사용하여 말한 친구의 이름을 쓰세요.

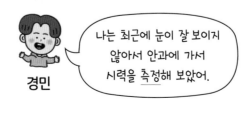

나는 최근에 눈이 잘 보이지 않아서 안과에 가서 시력을 측정해 보았어.

경민

나는 우리 삼촌이 아기에서 어른으로 성장하기까지의 과정을 실험해 보았어.

해준

( )

05 다음 빈칸에 공통으로 들어갈 낱말로 알맞은 것은 무엇인가요? (   )

> 현아: 오늘 과학 시간에 한 ☐☐☐이/가 참 재밌었어.
>
> 지은: 맞아, 특히 플라스틱 젓가락은 물에 가라앉고, 나무젓가락은 물에 뜨는 게 신기했어. 둘 다 무겁지 않아서 모두 물에 뜰 줄 알았거든.
>
> 현아: 정말 신기했어. 쇠젓가락으로도 ☐☐☐을/를 해 보고 싶어.

① 예방   ② 공연   ③ 결정   ④ 오염   ⑤ 실험

06 다음 빈칸에 들어갈 알맞은 낱말을 찾아 ○표 하세요.

> 아이큐는 계산이나 문장 활동 등을 통해 지능을 검사하여 숫자로 나타낸 것을 말해요. 아이큐 ☐☐☐에서는 평균을 100으로 설정해요. 90~110의 범위에 해당하는 숫자가 나오면 지능이 보통인 것으로, 그 이상의 숫자는 지능이 높은 것, 그 이하의 숫자는 지능이 낮은 것으로 판단하지요. 하지만 아이큐는 검사받는 장소, 검사받는 사람의 몸 상태나 기분 등에 따라서 결과가 다르게 나올 수 있으므로 주의해야 해요.

(탐구 , 측정)

2단계 **활용** ~~~~~~

07 다음 보기와 같이 주어진 낱말을 넣어 짧은 문장을 만들어 쓰세요.

> **보기**
>
> 관찰
>
> ✎ 돋보기로 개미의 생김새를 자세히 관찰해 보았다.

(1) 실험

✎ _____

(2) 탐구

✎ _____

01 다음 문장에 어울리는 낱말을 찾아 ○표 하세요.

(1) 선생님께서는 반 친구들의 키를 (체험 , 측정)하셨다.

(2) 동생이 미끄럼틀에서 떨어져서 (뼈 , 위생)에 금이 갔다.

(3) 아빠께서는 (환경 , 건강)을 위해 아침마다 조깅을 하신다.

02 다음 대화의 빈칸에 들어갈 알맞은 낱말에 ○표 하세요.

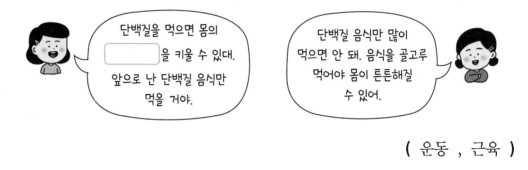

단백질을 먹으면 몸의 ☐☐☐을 키울 수 있대. 앞으로 난 단백질 음식만 먹을 거야.

단백질 음식만 많이 먹으면 안 돼. 음식을 골고루 먹어야 몸이 튼튼해질 수 있어.

(운동 , 근육)

03 다음 빈칸에 들어갈 알맞은 낱말을 보기에서 찾아 쓰세요.

> 보기
>
> | 피부 | 관찰 | 위생 |

(1) 밭에서 일하시는 아버지의 ( )은/는 검고 거칠었다.

(2) ( )을/를 위해 집에 돌아오면 제일 먼저 손을 씻어야 한다.

(3) 나는 동생과 함께 갓 태어난 강아지의 행동을 ( )해 보았다.

04 다음 빈칸에 들어갈 낱말로 알맞은 것은 무엇인가요? ( )

> 우리는 소금과 설탕 중 어떤 것이 물에 빨리 녹는지 알기 위해 ☐☐ 을/를 했다.

① 예방   ② 운동   ③ 기대   ④ 대피   ⑤ 실험

05 다음 밑줄 친 낱말과 바꾸어 쓸 수 있는 낱말은 무엇인가요? (   )

> 서진: 지현아, 우산 안 가져왔어? 내 우산 같이 쓰고 가자.
> 지현: 서진아, 날씨가 맑았는데 비가 올 줄 어떻게 알았어?
> 서진: 아, 나는 비 맞는 걸 너무 싫어해서 항상 우산을 가지고 다니는 <u>버릇</u>이 있어.

① 건강   ② 습관   ③ 관찰   ④ 탐구   ⑤ 느낌

06 다음 글에서 설명하는 내용은 무엇인지, 빈칸에 들어갈 낱말을 글에서 찾아 두 글자로 쓰세요.

> 요즘 청소년들은 학교가 끝난 뒤에도 학원에 가거나 공부를 더 하느라 운동할 시간이 부족해요. 하지만 청소년에게 운동은 정말 중요해요. 운동을 하면 몸이 튼튼해지고 면역력이 높아져요. 또한 스트레스를 줄이는 데도 도움이 된답니다.

→ 청소년들이 (   )을/를 하면 좋은 점

07 다음 밑줄 친 낱말과 뜻이 비슷한 낱말을 글에서 찾아 두 글자로 쓰세요.

> 민혁이네 가족은 지난 주말에 할머니 댁에 갔어요. 할머니께서는 밭에서 일을 하고 계셨어요. 민혁이를 보신 할머니께서는 여기저기 묻은 <u>흙</u>을 털어 내고 나서 민혁이를 꼭 안아 주셨지요. 할머니께서는 기름진 토양에서 직접 키우신 채소들로 맛있는 점심을 만들어 주셨어요.

(   )

08 다음 빈칸에 들어갈 낱말로 알맞은 것은 무엇인가요? (   )

> 나는 [   ] 이에요/예요. 나는 뼈와 뼈 사이에 있어서 사람들이 활동하기 쉽도록 도와주는 역할을 해요. 하지만 너무 오래 사용하거나 무리하면 염증이 생기기도 해요.

① 피부   ② 가슴   ③ 머리   ④ 관절   ⑤ 나이

[09~11] 다음 글을 읽고, 물음에 답하세요.

스코틀랜드에서 태어난 플레밍은 의사이자 미생물학자였어요. 플레밍은 학교를 졸업한 뒤 대학 병원에서 연구하고 있었지요. 어느 날, 연구실에서 세균을 연구하던 플레밍은 우연히 ⊙실험 접시 위에 푸른곰팡이가 핀 것을 발견했어요. 그런데 자세히 보니 푸른곰팡이가 핀 부분에만 세균이 사라진 상태였어요. 플레밍은 이 현상을 그냥 지나치지 않고, 푸른곰팡이가 어떻게 세균을 없앴는지 더 ⓒ탐구하기 시작했어요. 그 결과 플레밍은 푸른곰팡이 속에 들어 있는 어떤 물질이 병을 일으키는 세균을 없애는 효과가 있다는 사실을 알게 되었어요. 플레밍은 이 물질에 '페니실린'이라는 이름을 붙였어요. 그 뒤 다른 과학자들이 페니실린을 더 연구하여 약을 만들어 냈어요. 이 약이 바로 지금까지 수많은 환자의 생명을 살려 낸 '항생제'예요. 항생제는 우리 ⓒ몸에 들어와 병을 일으키는 세균을 무찔러 사람들의 ㉮ 을 지켜 주는 큰 역할을 하고 있어요. 만약 플레밍이 푸른곰팡이를 그냥 지나쳤다면 이러한 훌륭한 결과는 없었을 거예요.

09 ⊙~ⓒ의 뜻으로 알맞은 것을 두 가지 찾아 ○표 하세요.

(1) ⊙: 더럽게 물듦. 또는 더럽게 물들게 함. ( )

(2) ⓒ: 진리, 학문 등을 파고들어 깊이 연구함. ( )

(3) ⓒ: 사람이나 동물의 머리에서 발까지의 전체. ( )

10 ㉮에 들어갈 알맞은 낱말을 찾아 ○표 하세요.

| 운동 | 행동 | 건강 | 생각 |

11 다음은 이 글의 제목입니다. 빈칸에 들어갈 알맞은 낱말은 무엇인가요?
( )

페니실린 발견으로 수많은 생명을 구한 [ ], 플레밍

① 수의사 　② 예술가 　③ 과학자 　④ 경찰관 　⑤ 소방관

디지털 속 한 문장

다음을 보고, 환경이라는 낱말을 넣어 ㉠에 들어갈 답글을 써 보세요.

정답 및 해설 **33**쪽

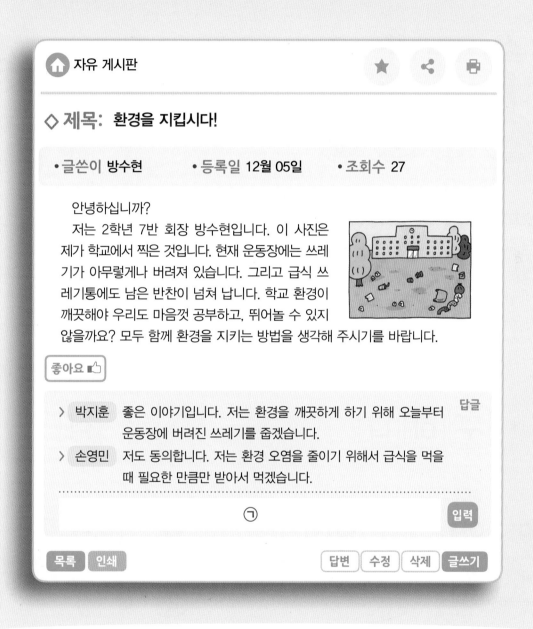

🏠 자유 게시판 ⭐ ◀ 🖨

◇ **제목: 환경을 지킵시다!**

• 글쓴이 **방수현**   • 등록일 **12월 05일**   • 조회수 **27**

안녕하십니까?
저는 2학년 7반 회장 방수현입니다. 이 사진은
제가 학교에서 찍은 것입니다. 현재 운동장에는 쓰레
기가 아무렇게나 버려져 있습니다. 그리고 급식 쓰
레기통에도 남은 반찬이 넘쳐 납니다. 학교 환경이
깨끗해야 우리도 마음껏 공부하고, 뛰어놀 수 있지
않을까요? 모두 함께 환경을 지키는 방법을 생각해 주시기를 바랍니다.

좋아요 👍

〉 박지훈 좋은 이야기입니다. 저는 환경을 깨끗하게 하기 위해 오늘부터   답글
운동장에 버려진 쓰레기를 줍겠습니다.
〉 손영민 저도 동의합니다. 저는 환경 오염을 줄이기 위해서 급식을 먹을
때 필요한 만큼만 받아서 먹겠습니다.

㉠   입력

목록 인쇄   답변 수정 삭제 글쓰기

수학 필수 어휘

자 릿 값

뜻 숫자가 위치하고 있는 자리에 따라 정해지는 값.

예 같은 숫자라도 위치한 자리에 따라 <u>자릿값</u>이 달라진다.

기 준

뜻 기본이 되는 표준.

예 인형을 같은 색깔을 <u>기준</u>으로 분류해 보세요.

구 하 다

뜻 필요한 것을 찾다. 또는 그렇게 하여 얻다.

예 양돌이가 친구들에게 나누어 준 팔찌의 수는 어떻게 <u>구할</u> 수 있을까요?

식

뜻 수 또는 양을 나타내는 숫자나 문자를 계산 기호로 연결한 식.

예 2와 7을 더하는 <u>식</u>을 풀어 보세요.

곱셈

뜻 2개 이상의 수나 식을 곱하는 계산.

예 어떤 수에 0을 곱하면 그 곱셈의 값은 항상 0이 된다.

어림하다

뜻 대강 짐작으로 헤아리다.

예 인형이 2개 또는 3개가 든 상자가 3상자 있다면 인형의 개수는 6~9개 정도라고 어림할 수 있다.

짝수

뜻 2, 4, 6처럼 둘씩 짝을 지을 수 있는 수.

예 짝이 남지 않도록 학급의 인원을 짝수로 하였다.

홀수

뜻 1, 3, 5처럼 둘씩 짝을 지을 수 없는 수.

예 이 엘리베이터는 홀수 층만 운행한다.

모 눈 종 이

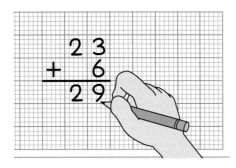

🌱 일정한 간격으로 여러 개의 세로줄과 가로줄을 그린 종이.

📝 모눈종이에서 덧셈과 뺄셈을 하면 자리에 맞춰서 계산하기가 편리하다.

눈 금

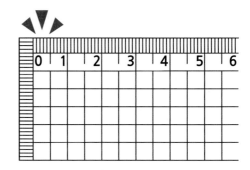

🌱 수나 양을 헤아릴 수 있게 나타낸 금.

📝 길이를 재는 지에는 모두 눈금이 있고, 똑같은 간격으로 숫자가 표시되어 있다.

곡 선

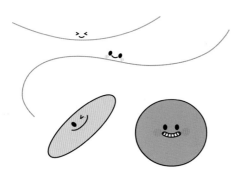

🌱 모나지 않고 부드럽게 구부러진 선.

📝 동그라미 모양은 곡선으로 이루어져 있다.

약

🌱 어림하여 그 수에 가까운 정도임을 나타내는 말.

📝 나와 친구는 약 두 시간 동안 놀이터에서 함께 놀았다.

도형

뜻 원, 삼각형, 사각형 등과 같이 점과 선으로
이루어진 모양.

예 오늘은 수학 시간에 여러 가지 <u>도형</u>에 대해
배웠다.

원

뜻 어느 쪽에서 보아도 동그란 모양의 도형.

예 동전은 <u>원</u>처럼 동그랗다.

삼각형

뜻 세 개의 곧은 선으로 둘러싸인 도형.

예 오징어 몸통 위의 지느러미 모양은 <u>삼각형</u>
이다.

사각형

뜻 네 개의 곧은 선으로 둘러싸인 도형.

예 우리는 <u>사각형</u>으로 접은 딱지로 딱지치기
를 하며 놀았다.

변

뜻 도형에서 곧은 선.

예 삼각형의 <u>변</u>은 세 개이다.

꼭짓점

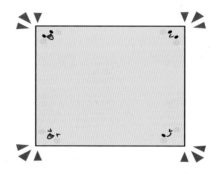

뜻 도형에서 두 곧은 선이 만나는 점.

예 사각형은 두 변이 만나는 <u>꼭짓점</u>이 네 개이다.

1 센 티 미 터

뜻 1센티미터는 길이의 단위로, ├──┤만큼의 길이이고 1 cm라고 쓴다.

예 그 유리컵에는 <u>1센티미터</u>마다 눈금이 새겨 져 있다.

1 미 터

뜻 100센티미터와 같고 1 m라고 쓴다.

예 내 동생의 키는 <u>1미터</u> 정도여서 삼촌의 키 보다 80센티미터 정도 작다.

뜻 시계에서 긴바늘이 가리키는 작은 눈금 한 칸.

예 시계의 긴바늘이 한 칸 움직일 때마다 <u>1분</u>씩 흐른다.

뜻 시계의 긴바늘이 한 바퀴를 도는 데 걸리는 시간.

예 시계의 긴바늘이 한 바퀴를 도는 데 60분이 걸리고, 60분은 <u>1시간</u>이다.

뜻 어떤 내용을 일정한 형식과 순서에 따라 보기 쉽게 나타낸 것.

예 우리 반 친구들이 좋아하는 간식을 정리하여 <u>표</u>로 나타냈다.

뜻 자료를 선, 점, 막대 등으로 나타낸 것.

예 시간에 따른 얼음물의 온도 변화를 <u>그래프</u>로 나타내었다.

도움을 준 학생들

다음은 '초등 어휘 이해도 진단' 이벤트에 참여한 학생들 이름입니다.

여러분의 참여가 저희 책에 중요한 밑거름이 되었습니다. 진심으로 감사드립니다.

혹시 이름이 빠지거나 잘못 기재된 분들은 NE능률(1833-8368)로 연락해 주시기를 바랍니다.

강서연	강승비	강채은	권다은	권단우	권보미	권소미	권주영	김경서	김고은
김도건	김동현	김민채	김서연	김세희	김소현	김수민	김수현	김시우	김시윤
김시현	김온유	김용하	김주연	김지언	김지용	김지우	김지율	김찬유	김태은
김학수	김한결	김한별	김호진	김효준	김수현	나서진	나윤하	남궁솔	남궁율
노현주	류시우	박서린	박예람	박예준	박은빈	박은서	박진기	박진모	방다윤
방서현	배재협	서하람	서해든	송예원	송재율	송지은	신민규	신아성	심새본
안우석	안효근	양건준	양승혁	양시온	양한결	양현수	염준호	염채나	오승택
오연택	유강우	유상우	유지현	윤민석	윤민하	윤지후	이가연	이다빈	이다연
이다온	이도현	이서범	이서현	이선	이승우	이예찬	이유진	이유찬	이윤슬
이은우	이준	이지율	이창우	이채원	이태선	임현준	장성근	전지우	정다율
정한결	조유림	조유빈	조유이	조유환	조찬영	조하율	차시후	천소윤	최다연
최도윤	최윤서	최은서	최효서	최효주	한제인	허훈민	현승민	현정민	현진
홍지효	홍현승								

달 달 읽고 곰 곰 생 각 하 는

달곰한 시리즈

NE 능률

어휘 강화!
교과 학습
기본기 강화

독해 강화!
분석력, 통합력,
사고력 강화

달곰한 문해력
기본서

초등교사 100인 추천!
'3회독 학습법'으로
문해력 기본기를 다져요.

달곰한 문해력
초등 어휘

'낱말밭 어휘 학습'으로
각 학년 필수 교과 어휘를
완성해요.

학습의
순환 구조에 따른
어휘력, 독해력
상호 강화!

달곰한 문해력
초등 독해

초등 최초! '주제 연결 독해법' 도입!
하나의 주제로 연결된
2개의 글을 읽어요.

달달 읽고 곰곰 생각하는

의미 연결 · 문맥 추론 · 반복 학습

2단계

1~2학년 추천

달달 읽고 곰곰 생각하는

달곰한 문해력

초등 어휘

정답 및 해설

NE 능률

빠르게 보는 정답

국어 01~04

주제 01
13쪽 (1) 소개 (2) 나이 (3) 성격 (4) 취미 (5) 꿈 **14~15쪽** 01 (1) ⓒ (2) ⓒ (3) ⓔ (4) ⓛ (5) ㉠ 02 (1) 나이 (2) 성격 (3) 꿈 03 예지 04 ⑤ 05 ② ○ 06 (1) 성격 (2) 취미 07 (1) 예 선생님께서는 반 친구들에게 새로 전학 온 친구에 대해 소개해 주셨다. (2) 예 오빠와 나의 나이는 두 살 차이가 난다.

주제 02
17쪽 (1) 시 (2) 행 (3) 연 (4) 분위기 (5) 낭송 **18~19쪽** 01 (1) 낭송 (2) 행 (3) 연 (4) 분위기 (5) 시 02 (1) 행 (2) 분위기 03 (1) 연 (2) 낭송 04 시 05 ⓛ 06 (1) 예 시를 낭송할 때 친구들과 한 행씩 나누어 읽었다. (2) 예 친구들 앞에서 알맞은 크기의 목소리로 시를 낭송했다.

주제 03
21쪽 (1) 인물 (2) 말 (3) 행동 (4) 마음 (5) 생김새 **22~23쪽** 01 (1) ⓛ (2) ㉠ 02 (1) ㉠ (2) ⓒ (3) ⓛ 03 ② ○ 04 재용 05 ② 06 (1) 말 (2) 행동 07 (1) 예 이야기 속 인물의 성격을 파악하며 이야기를 읽었다. (2) 예 수진이는 짝의 생김새를 자세히 살펴보며 그림을 그렸다.

주제 04
25쪽 (1) 감각 (2) 뿌옇게 (3) 시끄러운 (4) 달콤한 (5) 말랑한 **26~27쪽** 01 (1) 시끄럽다 (2) 달콤하다 (3) 감각 02 달콤한 03 (1) 뿌옇게 (2) 말랑하고 (3) 감각 04 ① 05 ㉠ 06 ② ○ 07 (1) 달콤한 / 나는 달콤한 초콜릿을 무척 좋아한다. (2) 말랑하다 / 선물로 받은 곰 인형이 정말 보들보들하고 말랑하다.

01~04 주간 학습
28~30쪽 01 (1) 뿌옇게 (2) 나이 (3) 행동 (4) 취미 02 ② ○ 03 하준 04 ② 05 ㉠, ⓒ 06 ② 07 인물 08 ① 09 생김새 10 ③ **31쪽** 예 #좋아하는 것 #퍼즐 #게임 저는 이은호예요. 제가 좋아하는 것을 소개할게요. 저는 그림 맞추기 퍼즐을 좋아하고, 친구들과 함께 컴퓨터 게임을 하는 것을 좋아해요.

국어 05~08

주제 05
35쪽 (1) 글 (2) 편지 (3) 일기 (4) 초대장 (5) 광고 **36~37쪽** 01 (1) ㉠ (2) ⓒ (3) ⓛ 02 (1) 광고 (2) 편지 03 ② ○ 04 찬우 05 초대장 06 광고 07 (1) 예 나는 할아버지께 빨리 뵙고 싶다는 내용을 담은 편지를 써서 보냈다. (2) 예 동생의 유치원에서 발표회를 연다는 초대장을 보냈다.

주제 06
39쪽 (1) 날짜 (2) 사흘 (3) 나흘 (4) 보름 (5) 이튿날 **40~41쪽** 01 (1) ⓛ (2) ㉠ (3) ⓒ 02 (1) 사흘 (2) 보름 (3) 이튿날 03 보름 04 (1) 사흘 (2) 날짜 05 ① 06 ⓛ 07 (1) 예 아버지께서 한 달 동안 일하면서 쉴 수 있는 날은 나흘뿐이다. (2) 예 나는 보름이 넘게 줄넘기 연습을 열심히 했다.

주제 07
43쪽 (1) 생각 (2) 결정 (3) 기대 (4) 짐작 (5) 느낌 **44~45쪽** 01 (1) ⓛ (2) ㉠ 02 ④ 03 결정 04 (1) 결정 (2) 기대 (3) 느낌 05 (1) 느낌 (2) 기대 06 ① ○ 07 (1) 예 나는 내 장난감을 망가뜨린 사람이 동생일 것이라고 짐작했다. (2) 예 우리는 잘할 수 있다는 기대를 가지고 달리기 연습을 열심히 했다.

주제 08
47쪽 (1) 설명 (2) 이해 (3) 조사 (4) 준비 (5) 정리 **48~49쪽** 01 (1) 이해 (2) 설명 02 (1) ⓛ (2) ⓒ (3) ㉠ 03 지민 04 ① ○ 05 ⓛ 06 ③ 07 (1) 준비 / 내일 학교에 가져갈 학용품을 미리 준비해 두었다. (2) 설명 / 선생님께서는 어려운 문제를 알기 쉽게 설명해 주셨다.

05~08 주간 학습
50~52쪽 01 (1) 보름 (2) 느낌 (3) 광고 02 (1) 결정 (2) 정리 (3) 글 03 ④ 04 ① ○ 05 설명 06 ③ 07 ② 08 날짜 09 준비 10 ⑤ **53쪽** 예 나도 초대장을 받으니까 벌써부터 파티가 재미있을 것 같아서 기대가 돼. 난 무엇을 준비해 갈까?

주제 01

`57쪽` (1) 직업 (2) 경찰관 (3) 소방관 (4) 수의사 (5) 예술가 `58~59쪽` 01 (1) 예술가 (2) 경찰관 02 민서 03 (1) 소방관 (2) 예술가 04 (1) ㉠ (2) ㉢ (3) ㉡ 05 ㉢ 06 ② 07 (1) ⑩ 아버지께서는 자신의 직업에 큰 보람을 느끼며 일하신다. (2) ⑩ 그는 재능이 아주 뛰어난 천재적인 예술가이다.

주제 02

`61쪽` (1) 교통 (2) 신호등 (3) 횡단보도 (4) 길목 (5) 인도 `62~63쪽` 01 (1) ㉢ (2) ㉠ (3) ㉡ 02 (1) 교통 (2) 길목 (3) 인도 03 수정 04 ② ○ 05 (1) 길목 (2) 횡단보도 06 ② ○ 07 (1) 인도 / 겨울이 되면 인도에 눈이 쌓여 걸어 다니기 불편하다. (2) 신호등 / 신호등의 녹색 불이 켜지자 사람들이 횡단보도를 건너갔다.

주제 03

`65쪽` (1) 안전 (2) 비상구 (3) 대피 (4) 안전띠 (5) 신고 `66~67쪽` 01 (1) ㉢ (2) ㉡ (3) ㉠ 02 ⑤ 03 (1) 안전 (2) 대피 (3) 신고 04 재경 05 안전 06 ㉡ 07 (1) ⑩ 경찰은 이웃 주민의 신고를 받아 범인을 잡을 수 있었다. (2) ⑩ 극장에 불이 꺼지자 환한 비상구 표시가 눈에 들어왔다.

주제 04

`69쪽` (1) 자연재해 (2) 황사 (3) 태풍 (4) 폭염 (5) 한파 `70~71쪽` 01 (1) 폭염 (2) 한파 02 (1) ㉡ (2) ㉠ 03 (1) 황사 (2) 자연재해 04 윤찬 05 ③ 06 ② ○ 07 (1) 폭염 / 여름 폭염 때 너무 더워서 팥빙수를 많이 먹었다. (2) 자연재해 / 해마다 홍수와 태풍 같은 자연재해가 늘어나고 있다.

사회 01~04

01~04 주간 학습

`72~74쪽` 01 (1) ㉠ (2) ㉡ 02 (1) 직업 (2) 대피 03 영민 04 (1) 한파 (2) 안전띠 05 ② 06 신호등 07 ③ 08 ③ ○ 09 ㉢ 10 ③ `75쪽` ⑩ 내가 희망하는 직업은 운동선수야. 축구와 야구를 모두 좋아해서 어떤 종목의 운동선수가 될지 정하지는 못했지만, 열심히 해서 나라를 대표하는 운동선수가 되고 싶어.

주제 05

`79쪽` (1) 축제 (2) 체험 (3) 전시 (4) 공연 (5) 특산물 `80~81쪽` 01 (1) ㉤ (2) ㉣ (3) ㉠ (4) ㉡ (5) ㉢ 02 ③ 03 (1) 축제 (2) 공연 (3) 체험 04 특산물 05 (1) 축제 (2) 공연 06 (1) 특산물 / 감귤은 제주도의 대표적인 특산물이다. (2) 전시 / 우리는 그림이 전시되어 있는 미술관에 다녀왔다.

주제 06

`83쪽` (1) 지형 (2) 사막 (3) 빙하 (4) 동굴 (5) 화산 `84~85쪽` 01 (1) ㉡ (2) ㉠ (3) ㉢ 02 (1) 사막 (2) 지형 (3) 빙하 03 옥이 04 ① ○ 05 ④ 06 화산 07 (1) ⑩ 빙하에서 사는 동물에는 북극곰과 펭귄 등이 있다. (2) ⑩ 박쥐는 주로 어두운 동굴에서 산다.

주제 07

`87쪽` (1) 민속놀이 (2) 줄다리기 (3) 강강술래 (4) 풍물놀이 (5) 씨름 `88~89쪽` 01 (1) 풍물놀이 (2) 줄다리기 02 씨름 03 산이 04 (1) ㉡ (2) ㉢ (3) ㉠ 05 ① ○ 06 강강술래 07 (1) ⑩ 설날에는 윷놀이 같은 민속놀이를 한다. (2) ⑩ 마을 축제에서 흥겨운 풍물놀이 공연을 관람했다.

주제 08

`91쪽` (1) 전통문화 (2) 김치 (3) 한복 (4) 한옥 (5) 기와 `92~93쪽` 01 (1) ㉡ (2) ㉠ (3) ㉢ 02 (1) 한옥 (2) 한복 (3) 기와 03 전통문화 04 ② ○ 05 한복 06 ① 07 (1) ⑩ 아버지께서는 어린 시절에 앞마당이 있는 한옥에서 살았다고 하셨다. (2) ⑩ 우리 마을에는 지붕에 빨간 기와를 얹은 집이 많다.

사회 05~08

05~08 주간 학습

`94~96쪽` 01 ② 02 소율 03 (1) 김치 (2) 특산물 (3) 축제 04 ② ○ 05 ㉢ 06 ⑤ 07 기와 08 ⑤ 09 민속놀이 10 ⑤ `97쪽` ⑩ #민속촌 #제기차기 / 민속촌에서 아빠와 함께 민속놀이 중의 하나인 제기차기를 했다. 처음엔 어려웠지만 제기를 땅에 떨어뜨리지 않고 열 번이나 차서 기분이 좋았다.

공부한 날짜   월   일
정답 및 해설 4쪽

국어
주제 **01 나를 소개할 때 무엇을 이야기할까?**

낱말밭

친구들 사이에서 가장 어려 보이는 여자아이는 자신의 이름이 하즈카이고, 나이는 여섯 살이라고 했어요.

나 이

키가 큰 남자아이는 자신의 이름은 저스틴이고, 열두 살이며 자신의 성격은 활발하고 자상하다고 말했어요.

성 격   性 성품 성, 格 격식 격

소 개   紹 이을 소, 介 끼일 개

하준이는 여행지에서 만난 세계 여러 나라에서 온 친구들에게 자기소개를 했어요.

趣 흥취 취, 味 맛 미

취 미

양쪽으로 머리를 묶은 여자아이는 자신의 이름은 엘리나이고, 아홉 살이며 인형을 모으는 것이 취미라고 말했어요.

꿈

하준이도 자신의 이름과 나이를 말하고, 세계 곳곳을 다니는 비행사가 되는 것이 꿈이라고 자기소개를 했어요.

다음 글을 읽으며, 빈칸에 들어갈 낱말을 따라 써 보세요.

새 학기가 되어 새로운 선생님과 친구들을 만나면 우리는 무엇을 해야 할까요? 인사를 하고, 자기소개를 해야 해요. 자기소개란 나를 모르는 사람에게 나에 대해 알려 주려는 **소개** 는 것을 말해요. 나를 소개할 때 어떤 것을 알려 줄 수 있을까요? 가장 먼저 나의 이름과 **나이** 알려 줄 수 있어요. 그리고 다니는 학교도 알려 줄 수 있지요. 또 내가 활발한지, 조용한지 등의 **성격** 알려 줄 수도 있어요. 다음으로 내가 좋아하는 것이나 즐겨 하는 일이 무엇인지 **취미** 알려 줄 수 있지요. 그리고 앞으로 커서 어떤 일을 하고 싶은지, 나의 **꿈** 도 알려 줄 수 있어요.

이렇게 나에 대해 소개한 뒤에는 다른 친구들이 자신에 대해 소개하는 것도 잘 들어야 해요. 그래야 서로에 대해 잘 알 수 있고, 좋은 관계를 맺을 수 있기 때문이에요.

낱말밭
사전   확인 ✓

* **소개** 모르는 사실이나 내용을 잘 알도록 하여 주는 설명.

* **나이** 사람이나 동물·식물 등이 세상에 나서 살아온 햇수.

* **성격** 개인이 가지고 있는 남다른 성질.

* **취미** 좋아하여 재미로 즐겨 하는 일.

* **꿈** 실제로 이루고 싶은 희망이나 소원.

정답 및 해설 4쪽

국어
주제 **01**
낱말밭
일일학습

1단계 **확인과 적용**

01 다음 낱말의 뜻으로 알맞은 것을 찾아 선으로 이으세요.

(1) 꿈 — ㉠ 좋아하여 재미로 즐겨 하는 일.
(2) 나이 — ㉡ 개인이 가지고 있는 남다른 성질.
(3) 소개 — ㉢ 실제로 이루고 싶은 희망이나 소원.
(4) 성격 — ㉣ 모르는 사실이나 내용을 잘 알도록 하여 주는 설명.
(5) 취미 — ㉤ 사람이나 동물·식물 등이 세상에 나서 살아온 햇수.

02 다음 문장에 어울리는 낱말을 찾아 ○표 하세요.

(1) 내 동생은 올해 (성격 , ⟲나이⟳)이/가 다섯 살이다.
(2) 그 친구는 (꿈 , ⟲성격⟳)이 까탈스러워서 사람들과 잘 어울리지 못한다.
(3) 선생님께서는 자신이 어릴 때 가졌던 (⟲꿈⟳ , 나이)을/를 이루었다고 말씀하셨다.

해설
예지는 처음 본 사람들에게 자신에 대해 알려 준 상황이므로 '소개'를 바르게 사용하였습니다. 그러나 수현이는 친구가 자신의 부탁을 들어 보지도 않았다는 말로 보아 '거절'을 당한 것이므로 '소개'를 사용하여 말하는 것은 알맞지 않습니다.

03 다음 중 '소개'를 바르게 사용하여 말한 친구의 이름을 쓰세요.

나는 어제 처음 간 수영 수업에서 사람들에게 나를 소개했어.   예지

내가 부탁할 일이 있다고 말했더니 친구가 들어 보지도 않고 소개해서 기분이 나빴어.   수현

(**예지**)

04 다음 빈칸에 들어갈 낱말로 알맞은 것은 무엇인가요? (⑤)

아버지께서는 주말마다 [   ](으)로 등산을 하신다.

① 꿈   ② 나이   ③ 성격   ④ 소개   ⑤ 취미

05 다음 밑줄 친 낱말과 같은 낱말이 들어갈 문장에 ○표 하세요.

우리 형의 꿈은 유명한 요리사가 되는 것이다.

① 할아버지께서 가장 즐겨 하시는 [   ]은 서예이다. (   )

② 어려서부터 축구 선수가 되고 싶다고 말하던 형은 그 [   ]을 이뤄 축구 선수가 되었다. (○)

해설
'수줍고 조용한 편'이라는 내용을 통해 ㉠에는 '성격'이, '축구'라는 말을 통해 ㉡에는 '취미'가 들어가야 알맞다는 것을 알 수 있습니다.

06 다음 ㉠과 ㉡에 들어갈 알맞은 낱말을 보기에서 찾아 쓰세요.

보기
취미   성격

최근에 우리 반에 전학 온 친구는 ㉠ 이/가 수줍고 조용한 편이었어요. 목소리도 작고, 잘 웃지도 않아서 정말 조용한 아이라고 생각했지요. 그런데 전학 온 친구는 ㉡ 이/가 축구라고 했어요. 나와 좋아하는 운동이 같아서 그 친구와 친해지고 싶어졌어요.

(1) ㉠: (**성격**)   (2) ㉡: (**취미**)

2단계 **활용**

해설
낱말의 뜻이 무엇인지 떠올리고, 그 낱말이 쓰이는 상황을 생각하며 문장을 만들어 씁니다.

07 다음 보기와 같이 주어진 낱말을 넣어 짧은 문장을 만들어 쓰세요.

보기
성격
✎ 나는 그 친구의 친절하고 밝은 성격이 좋아서 친해지고 싶었다.

(1) 소개
✎ (예) 선생님께서는 반 친구들에게 새로 전학 온 친구에 대해 소개해 주셨다.

(2) 나이
✎ (예) 오빠와 나의 나이는 두 살 차이가 난다.

국어 주제 02 시에 대해 알아볼까?

공부한 날짜 월 일
정답 및 해설 5쪽

낱말밭

서연이가 쓴 시를 읽은 언니는 세 개의 연으로 나누어 쓰면 더 좋을 것 같다고 말했어요.

엄마께서는 서연이의 시를 읽고, 한 줄마다의 글자 수를 줄여서 행을 간단하게 쓰면 더 좋겠다고 말씀해 주셨어요.

연
聯 잇닿을 연

행
行 다닐 행

시
詩 시 시

서연이는 오늘 음악 시간에 느낀 기분을 재미있게 글로 표현해 보고 싶어서 시를 썼어요.

낭송
朗 밝을 낭, 誦 욀 송

분위기
雰 안개 분, 圍 둘레 위, 氣 기운 기

시를 고쳐 쓴 서연이는 가족들 앞에서 자신이 쓴 시를 큰 목소리로 낭송했어요.

시 낭송을 들은 가족은 경쾌하고 즐거운 분위기가 느껴진다고 말했어요.

다음 글을 읽으며, 빈칸에 들어갈 낱말을 따라 써 보세요.

자연이나 일상생활에 대한 느낌이나 생각을 리듬이 있는 형식으로 나타낸 글을 **시** 라고 해요. 그리고 읽는 사람을 주로 어린이로 생각하고 어린이의 마음을 담아 쓴 시를 동시라고 하지요.

시는 어떻게 만들어질까요? 시의 한 줄을 **행** 이라고 해요. 그리고 여러 개의 행을 묶어서 만든 한 단위를 **연** 이라고 하지요. 이렇게 여러 개의 연이 모여서 시가 완성되는 거예요.

시를 읽으면 내용에 따라 재미있기도 하고, 슬프기도 해요. 시에는 그 시만의 **분위기** 가 담겨 있기 때문이에요. 입으로 소리 내어 시를 읽으면 시의 분위기를 더 잘 느낄 수 있어요. 이렇게 시를 **낭송** 할 때는 노래하듯이 리듬을 잘 살려서 읽는 것이 좋아요. 또 떠오르는 장면을 생각하며 시의 분위기와 느낌이 잘 드러나게 읽어야 하지요.

낱말밭 사전

확인 ☑

* **시** 글쓴이의 생각이나 느낌을 리듬이 있는 형식으로 나타낸 글. ☐
* **연** 시에서, 몇 행을 한 단위로 묶어서 이르는 말. ☐
* **행** 글을 가로나 세로로 벌인 것을 세는 말. ☐
* **낭송** 크게 소리를 내어 글을 읽거나 외움. ☐
* **분위기** 어떤 곳이나 작품의 바탕에 깔려 있는 느낌이나 기분. ☐

국어 주제 02

낱말밭 일일학습

정답 및 해설 5쪽

1단계 확인과 적용

01 다음 뜻을 가진 낱말을 보기에서 찾아 쓰세요.

보기
연 행 시 낭송 분위기

(1) 크게 소리를 내어 글을 읽거나 외움. (**낭송**)
(2) 글을 가로나 세로로 벌인 것을 세는 말. (**행**)
(3) 시에서, 몇 행을 한 단위로 묶어서 이르는 말. (**연**)
(4) 어떤 곳이나 작품의 바탕에 깔려 있는 느낌이나 기분. (**분위기**)
(5) 글쓴이의 생각이나 느낌을 리듬이 있는 형식으로 나타낸 글. (**시**)

02 다음 빈칸에 들어갈 알맞은 낱말을 보기에서 찾아 쓰세요.

보기
행 낭송 분위기

(1) 그 시는 각 연이 3(**행**)(으)로 되어 있어서 짧고 깔끔하다.
(2) 아버지께서는 옛날에 살던 고향 마을의 정겹고 따뜻한 (**분위기**)이/가 그립다고 하셨다.

03 다음 첫 자음자를 보고, 빈칸에 들어갈 알맞은 낱말을 쓰세요.

(1) ㅇ
✏ 수업 시간에 학교에 대한 시를 모두 4(**연**)(으)로 나누어 썼다.

(2) ㄴ ㅅ
✏ 나는 시 속 인물의 당당하고 자신감 있는 모습을 잘 드러내기 위해 큰 목소리로 시를 (**낭송**)했다.

04 다음 빈칸에 공통으로 들어갈 낱말로 알맞은 것을 찾아 ○표 하세요.

• [ ]를 낭송할 때는 노래하듯이 분위기를 잘 살려서 읽어야 한다.
• [ ]는 자신의 생각이나 느낌을 리듬이 있는 형식으로 나타낸 글이다.

(시 / 일기)

해설
연극의 분위기가 밝고 따뜻해서 좋았다고 했으므로, 밑줄 친 '분위기'의 뜻은 ㉡임을 짐작할 수 있습니다.

05 다음 밑줄 친 낱말의 뜻으로 알맞은 것을 보기에서 찾아 기호를 쓰세요.

보기
㉠ 크게 소리를 내어 글을 읽거나 외움.
㉡ 어떤 곳이나 작품의 바탕에 깔려 있는 느낌이나 기분.

지난주에 열린 발표회에서 나는 친구들과 함께 연극을 공연했다. 길을 잃은 강아지의 주인을 찾아 주는 내용으로, 짝꿍이 키우는 강아지를 직접 데려와 함께 연기했다. 연극을 보러 온 부모님과 친구들은 연극의 분위기가 밝고 따뜻해서 정말 좋았다고 칭찬해 주었다.

(㉡)

2단계 활용

06 다음 보기와 같이 주어진 낱말을 넣어 짧은 문장을 만들어 쓰세요.

보기
시
✏ 언니는 학교에서 열린 시 쓰기 대회에서 대상을 받았다.

(1) 행
✏ 예) 시를 낭송할 때 친구들과 한 행씩 나누어 읽었다.

(2) 낭송
✏ 예) 친구들 앞에서 알맞은 크기의 목소리로 시를 낭송했다.

(좌측 여백 해설)
...은 시에서 연의 구성에 ...한 내용으로, 빈칸 앞에 ...자 3이 있는 것으로 보 ...'행'이 들어가는 것이 ...맞습니다. (2)는 '정겹고 ...뜻한'이라는 표현을 통 ...바탕에 깔려 있는 느낌 ...나 기분을 뜻하는 '분위 ...가 들어가는 것이 알맞 ...다.

국어 주제 03 이야기 속 인물의 특징을 알아볼까?

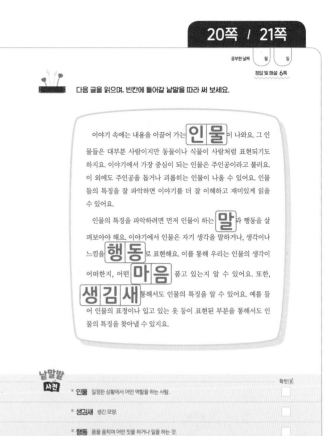

낱말밭

이야기 속에서 놀부의 생김새는 날카로운 눈썹과 찢어진 눈, 볼록 나온 배로 표현되어 있었어요.

생김새

놀부는 욕심이 가득하고 돈만 좋아했어요. 동생에게도 베풀지 않고 오히려 못살게 구는 행동을 했지요.

행동 行 다닐 행, 動 움직일 동

인물 人 사람 인, 物 만물 물
윤찬이가 읽은 책에는 놀부와 흥부라는 두 인물이 나와요. 둘은 형제 관계예요.

말
놀부는 흥부에게 화를 내며 나쁜 말을 하기도 했어요. 하지만 흥부는 형에게 대들지 않고 착한 말만 했지요.

마음
윤찬이는 이들의 말과 행동을 보며 놀부는 못된 마음을, 흥부는 착한 마음을 가진 인물이라는 것을 알게 되었어요.

공부한날짜 월 일
정답 및 해설 6쪽

다음 글을 읽으며, 빈칸에 들어갈 낱말을 따라 써 보세요.

이야기 속에는 내용을 이끌어 가는 **인물**이 나와요. 그 인물들은 대부분 사람이지만 동물이나 식물이 사람처럼 표현되기도 하지요. 이야기에서 가장 중심이 되는 인물은 주인공이라고 불러요. 이 외에도 주인공을 돕거나 괴롭히는 인물이 나올 수 있어요. 인물들의 특징을 잘 파악하면 이야기를 더 잘 이해하고 재미있게 읽을 수 있어요.

인물의 특징을 파악하려면 먼저 인물이 하는 **말**과 행동을 살펴보아야 해요. 이야기에서 인물은 자기 생각을 말하거나, 생각이나 느낌을 **행동**으로 표현해요. 이를 통해 우리는 인물의 생각이 어떠한지, 어떤 **마음**을 품고 있는지 알 수 있어요. 또한, **생김새**를 통해서도 인물의 특징을 알 수 있어요. 예를 들어 인물의 표정이나 입고 있는 옷 등이 표현된 부분을 통해서도 인물의 특징을 찾아낼 수 있지요.

낱말밭 사전

확인☑

* **인물** 일정한 상황에서 어떤 역할을 하는 사람. ☐

* **생김새** 생긴 모양. ☐

* **행동** 몸을 움직여 어떤 짓을 하거나 일을 하는 것. ☐

* **말** 어떤 생각이나 느낌을 표현하고 전달하기 위해 사람이 입 밖으로 내는 소리. ☐

* **마음** 깨닫거나 생각하거나 느끼는 등의 정신 활동을 하는 사람의 속. ☐

20쪽

21쪽

국어 주제 03 낱말밭 일일학습

1단계 확인과 적용

01 다음 낱말의 뜻으로 알맞은 것을 보기에서 찾아 기호를 쓰세요.

보기
ⓐ 생긴 모양.
ⓑ 몸을 움직여 어떤 짓을 하거나 일을 하는 것.

(1) 행동 (ⓑ)   (2) 생김새 (ⓐ)

02 다음 빈칸에 들어갈 낱말로 알맞은 것을 찾아 선으로 이으세요.

(1) 내 동생은 쉬지 않고 ☐을/를 하는 수다쟁이이다.   •   • ⓐ 말

(2) 선생님께서는 착한 ☐음/를 가진 사람이 되라고 말씀하셨다.   •   • ⓑ 인물

(3) 그 이야기는 ☐들이 한곳에 모여서 다툼을 벌이는 내용이다.   •   • ⓒ 마음

해설
①은 '올바른'이라는 표현과 '늘 좋은 일에 앞장선다'는 표현으로 보아, '생김새'가 아닌 '마음'이나 '성격'이 들어가는 것이 알맞습니다. ②는 잘못을 저질렀을 때 솔직하게 말하고 예의 바른 태도를 보여야 한다는 내용이므로 '말'이 바르게 사용되었습니다.

03 다음 중 밑줄 친 낱말이 바르게 사용된 것을 찾아 ○표 하세요.

① 짝꿍은 올바른 생김새를 갖고 있어서 늘 좋은 일에 앞장선다. ( )
② 잘못을 저질렀을 때는 솔직한 말과 예의 바른 태도가 필요하다. (○)

04 다음 중 밑줄 친 낱말을 바르게 사용하여 말한 친구의 이름을 쓰세요.

재용: 그 이야기에는 너무 많은 인물이 나와서 내용을 이해하기 어려워.

연지: 어제 본 드라마에서는 주인공인 석두라는 행동이 중요한 역할을 하고 있었어.

(재용)

해설
빈칸 앞의 '따뜻하고 다정한'이라는 표현을 통해 빈칸에 들어갈 말이 '마음'임을 알 수 있습니다.

05 다음 빈칸에 들어갈 낱말로 알맞은 것은 무엇인가요? (②)

진주는 집으로 돌아오는 길에 비를 맞아 떨고 있던 강아지를 안아 주고 있는 친구를 보았어요. 그 친구가 강아지를 따뜻하게 돌봐주는 모습을 보고 진주는 크게 감동했어요. 그리고 진주도 그 친구처럼 따뜻하고 다정한 ☐을/를 가져야겠다고 결심했어요.

① 말   ② 마음   ③ 인물   ④ 행동   ⑤ 생김새

해설
말을 조심해야 한다는 속담의 뜻을 통해 ㉠에는 '말'이, '몸짓이나 표정'이라는 말을 통해 ㉡에는 '행동'이 들어가야 알맞다는 것을 알 수 있습니다.

06 다음 ㉠과 ㉡에 들어갈 알맞은 낱말을 보기에서 찾아 쓰세요.

보기
말   행동

'발 없는 말이 천 리 간다'라는 속담이 있어요. 말이란 순식간에 멀리까지 퍼질 수 있기 때문에 조심해야 한다는 뜻이지요. 그래서 우리는 ㉠ 하기 전에 늘 생각을 많이 해야 해요. 또한 ㉡ 할 때도 주의해야 해요. 별다른 생각 없이 한 내 몸짓이나 표정 때문에 다른 사람이 상처받을 수 있기 때문이지요.

(1) ㉠: (말)   (2) ㉡: (행동)

2단계 활용

07 다음 보기와 같이 주어진 낱말을 넣어 짧은 문장을 만들어 쓰세요.

보기
말
✎ 내 짝꿍은 참 말이 많은 친구이다.

(1) 인물
✎ (예) 이야기 속 인물의 성격을 파악하며 이야기를 읽었다.

(2) 생김새
✎ (예) 수진이는 짝의 생김새를 자세히 살펴보며 그림을 그렸다.

22쪽

23쪽

국어 주제 04 감각을 표현하는 말에는 무엇이 있을까?

낱말밭

안개가 뿌옇게 낀 어느 날, 아이는 어디선가 나는 맛있는 냄새를 맡고 그 냄새를 따라갔어요.

뿌옇다

숲속에 도착한 아이는 나무에 가득 달린 산딸기를 보았어요. 산딸기를 따서 입에 넣자 그 맛이 아주 달콤했지요.

달콤하다

감각 感 느낄 감, 覺 깨달을 각

어느 시골 마을에 냄새를 맡는 감각이 뛰어난 아이가 살았어요.

말랑하다

아이는 옆의 복숭아나무에서 나는 달콤한 냄새도 맡았어요. 잘 익은 말랑한 복숭아도 따서 맛있게 먹었지요.

시끄럽다

그때 갑자기 어디선가 시끄러운 소리가 났어요. 벌떼였어요! 놀란 아이는 부리나케 집으로 도망을 쳤답니다.

다음 글을 읽으며, 빈칸에 들어갈 낱말을 따라 써 보세요.

우리는 살아가면서 여러 가지 **감각** 느끼게 되어요. 보고, 듣고, 냄새 맡고, 맛보고, 느끼는 것들이죠. 우리 몸의 감각 기관을 통해 이러한 다양한 감각을 경험할 수 있어요.

먼저, 무언가를 볼 수 있는 눈을 생각해 볼까요? 우리는 눈으로 밝은 빛, 밤하늘의 별, 안개가 **뿌옇게** 모습 등을 볼 수 있지요. 다음으로 냄새를 맡는 코도 있어요. 고소한 과자의 냄새, 향기로운 꽃의 향기를 코로 맡을 수 있지요. 또한 두 귀가 있어서 사람들이 와자지껄 떠드는 소리, 천둥이 치 **시끄러운** 등을 들을 수 있어요. 그리고 입속의 혀는 소금의 짠맛, 약의 쓴맛, 설탕 **달콤한** 등을 느낄 수 있지요. 마지막으로, 피부로는 나무껍질처럼 단단하고 거친 느낌, 찹쌀떡처럼 **말랑한** 낌 등을 느낄 수 있어요.

낱말밭 사전

확인☑

* **감각** 눈, 코, 귀, 혀, 살갗을 통하여 바깥의 어떤 자극을 알아차림.

* **뿌옇다** 연기나 안개가 낀 것처럼 선명하지 못하고 좀 허옇다.

* **달콤하다** 음식물이 입에 당기는 맛이 있게 달다.

* **말랑하다** 야들야들하게 보드랍고 무르다.

* **시끄럽다** 듣기 싫게 떠들썩하다.

국어 주제 04 낱말밭 일일학습

1단계 확인과 적용

01 다음 뜻을 가진 낱말을 보기에서 찾아 쓰세요.

보기
감각   시끄럽다   달콤하다

(1) 듣기 싫게 떠들썩하다. **시끄럽다**
(2) 음식물이 입에 당기는 맛이 있게 달다. **달콤하다**
(3) 눈, 코, 귀, 혀, 살갗을 통하여 바깥의 어떤 자극을 알아차림. (**감각**)

02 다음 대화의 빈칸에 들어갈 알맞은 낱말에 ○표 하세요.

선생님께서 케이크를 사 주셨어. 어서 먹어 봐.

우아, 입안에서 맛이 퍼져. 정말 맛있다!

(뿌연 , **달콤한**)

03 다음 문장에 어울리는 낱말을 찾아 ○표 하세요.

(1) 자동차가 달리자, 도로는 (시끄럽게 , **뿌옇게**) 연기로 뒤덮였다.
(2) 가을에 감나무에 달린 홍시를 만졌을 때 (**말랑하고** , 달콤하고) 보드라웠다.
(3) 차가운 얼음을 맨손으로 계속 만졌더니 손에 (**감각** , 분위기)이/가 느껴지지 않았다.

04 다음 빈칸에 들어갈 낱말로 알맞은 것은 무엇인가요? (①)

할아버지께서는 눈앞이 ____ 보인다고 하셨다.

① 뿌옇게   ② 조용하게   ③ 말랑하게   ④ 달콤하게   ⑤ 시끄럽게

해설 할아버지의 시각과 관련된 내용이므로, 빈칸에는 '연기나 안개가 낀 것처럼 선명하지 못하고 좀 허옇게.'라는 뜻의 '뿌옇게'가 들어가야 알맞다는 것을 알 수 있습니다.

05 다음 밑줄 친 낱말의 뜻으로 알맞은 것을 보기에서 찾아 기호를 쓰세요.

보기
㉠ 야들야들하게 보드랍고 무르고.
㉡ 연기나 안개가 낀 것처럼 선명하지 못하고 좀 허옇고.

유나에게
안녕? 나 수지야. 네가 직접 만든 베개를 선물해 줘서 정말 고마워. 베개가 말랑하고 푹신해서 베고 자기에 참 좋아. 오래오래 잘 사용할게.

(㉠)

06 다음 밑줄 친 낱말과 같은 낱말이 들어갈 문장에 ○표 하세요.

요즘 학교 앞 도로에서 공사를 해서 수업 시간에 시끄럽다.

① 추운 바깥 날씨와 따뜻한 버스 안의 온도 차로 유리에 김이 서려서 ____.
(   )
② 선거가 얼마 남지 않아서 거리마다 선거 운동을 하는 사람들의 외치는 소리로 ____. (○)

해설 '시끄럽다'는 '듣기 싫게 떠들썩하다.'라는 뜻의 낱말이므로, ②의 문장에 들어가는 것이 알맞습니다. ①에는 추운 날씨에 비해 버스가 따뜻해서 기온 차로 인해 유리에 변화가 생겼다는 내용이므로 '뿌옇다'가 들어가는 것이 알맞습니다.

2단계 활용

07 다음 문장의 빈칸에 들어갈 낱말을 보기에서 찾아 쓰고, 완성한 문장을 그대로 따라 써 보세요.

해설 빈칸 앞뒤의 내용을 바탕으로 들어갈 알맞은 낱말을 찾아 쓰고, 완성한 문장을 그대로 따라 써 보며 낱말이 어떻게 활용되고 있는지 살펴봅니다.

보기
달콤한   말랑하다   시끄러운   뿌연

(1) 나는 (**달콤한**) 초콜릿을 무척 좋아한다.
↳ 나는 달콤한 초콜릿을 무척 좋아한다.

(2) 선물로 받은 곰 인형이 정말 보들보들하고 **말랑하다**.
↳ 선물로 받은 곰 인형이 정말 보들보들하고 말랑하다.

공부한 날짜   월   일

01~04 낱말밭 주간학습

정답 및 해설 8쪽

01 다음 빈칸에 들어갈 알맞은 낱말을 보기에서 찾아 쓰세요.

보기
취미   나이   행동   뿌옇게

(1) 자동차가 흙길을 달리자 (**뿌옇게**) 먼지가 일었다.
(2) 우리 언니의 (**나이**)은/는 나보다 세 살이 더 많다.
(3) 웃어른 앞에서는 항상 예의 있게 (**행동**)해야 한다.
(4) 이모의 (**취미**)은/는 세계 여러 나라의 우표를 모으는 것이다.

02 다음 중 밑줄 친 낱말이 바르게 사용된 것을 찾아 ○표 하세요.

① 나의 성격은 뛰어난 축구 선수가 되는 것이다. (   )
② 그 동화는 읽는 내내 으쓱하고 스산한 분위기가 느껴졌다. (○)
③ 언니는 스케이트를 처음 탔는데도, 균형 행동이 좋아서 넘어지지 않았다. (   )

해설 ①은 '뛰어난 축구 선수가 되는 것'이라는 내용으로 보아 '성격' 대신 '꿈'을 사용해야 알맞습니다. ③은 '균형'이라는 낱말로 보아 '행동' 대신 '감각'을 사용해야 알맞습니다.

03 다음 중 밑줄 친 낱말을 바르게 사용하여 말한 친구의 이름을 쓰세요.

하준: 선생님께서 나를 낭송하는 모습이 정말 아름다웠어.
수희: 복도에서 장난치거나 뛰는 말은 다칠 수 있으니 하지 말아야 해.

(**하준**)

해설 수희의 말에서 '장난치거나 뛰는'이라는 말로 보아 '말' 대신 '행동'이라는 낱말을 사용하는 것이 알맞습니다.

04 다음 빈칸에 들어갈 낱말로 알맞은 것은 무엇인가요? (②)

착한 _____을/를 가진 왕자는 자신이 가진 것을 굶주림에 고통받는 사람들에게 모두 나누어 주었다.

① 시   ② 마음   ③ 소개   ④ 감각   ⑤ 취미

05 다음 ㉠~㉢ 중 문장에 바르게 사용된 낱말을 두 가지 찾아 기호를 쓰세요.

도서관 이용 안내
• 같이 온 사람과 ㉠시끄럽게 떠들지 말아 주세요.
• 전화 통화를 ㉡낭송할 때는 밖으로 나가 주세요.
• 앉거나 일어설 때 의자를 끄는 ㉢행동을 하지 말아 주세요.

(㉠ , ㉢)

06 다음 ㉠과 ㉡에 들어갈 알맞은 낱말을 바르게 짝 지은 것은 무엇인가요? (②)

구름 같은 솜사탕
한입 베어 물면 사르르
달콤한 구름 속에 풍당

거품 같은 솜사탕
한입 베어 물면 스르르
폭신한 거품 안에 풍당

이 시는 2㉠, 6㉡으로 이루어져 있어.

① ㉠: 말 - ㉡: 꿈   ② ㉠: 연 - ㉡: 행   ③ ㉠: 행 - ㉡: 말
④ ㉠: 행 - ㉡: 연   ⑤ ㉠: 꿈 - ㉡: 연

해설 주어진 시는 솜사탕에 대한 내용으로, 2연 6행으로 이루어져 있습니다.

07 다음에서 설명하는 내용은 무엇인지, 빈칸에 들어갈 낱말을 글에서 찾아 두 글자로 쓰세요.

이야기 속에는 다양한 인물이 등장해요. 이들은 이야기 속에서 각자의 역할을 맡고 있어요. 주인공이 되며, 사건을 일으키는 인물도 있지요. 또한 주인공을 도와서 사건을 해결하는 인물도 있어요. 이러한 인물들은 서로 얽히며 이야기를 만들어 나가요.

→ 이야기 속 (**인물**)의 다양한 역할

해설 이야기 속 인물의 다양한 역할에 대해 설명하고 있는 글이므로, 빈칸에 들어갈 낱말은 '인물'입니다.

[08~10] 다음 글을 읽고, 물음에 답하세요.

세영이의 꿈

세영이는 어른이 되어 인형을 만드는 디자이너가 되는 것이 ㉠소망이었어요. 그래서 세영이는 집에서 어머니께서 사용하시고 남은 천으로 인형을 만들곤 했어요. 세영이가 만드는 인형은 사람, 동물, 식물 등 ㉡도 다양했어요. 세영이는 인형을 만들 때마다 친구들에게 자랑했어요. 친구들은 모두 세영이의 인형이 예쁘다며 갖고 싶어 했지만 세영이는 아무에게도 인형을 주지 않았어요. 그저 집에 쌓여 있는 인형들을 보며 뿌듯해했지요.
그러던 어느 날, 잠이 들었던 세영이는 인형들이 자신을 괴롭히는 꿈을 꾸었어요. 인형들은 세영이의 팔과 다리를 잡아당기며 심심하다고 떼를 썼어요. 꿈에서 깬 세영이는 문득 이런 생각이 들었어요.
'인형들을 친구들과 나누면 친구들도 행복하고 인형들도 심심하지 않겠지?'
아침이 되자마자 세영이는 인형들을 가방에 넣어 친구들에게 가져갔어요. 원하는 친구들에게 인형을 하나씩 선물해 주었지요. 인형을 받고 기뻐하는 친구들을 보며 세영이는 덩달아 행복한 마음이 들었어요. 그리고 인형들도 세영이와 친구들을 보며 웃고 있는 듯한 느낌이 들었답니다.

해설 ㉠은 '어떤 일을 바람. 또는 그 바라는 것.'이라는 뜻을 가진 낱말입니다. 그러므로 '실제로 이루고 싶은 희망이나 이상.'이라는 뜻을 가진 '꿈'과 뜻이 비슷합니다.

08 ㉠과 뜻이 비슷한 낱말은 무엇인가요? (①)

① 꿈   ② 성격   ③ 취미   ④ 낭송   ⑤ 마음

09 ㉡에 들어갈 알맞은 낱말에 ○표 하세요.

말   성격   행동   (생김새)

해설 ㉡의 앞부분에 여러 가지 인형의 모습이 나열되어 있으므로, 빈칸에는 '생긴 모양.'을 뜻하는 낱말인 '생김새'가 들어가는 것이 알맞습니다.

10 다음은 이 글을 쓴 글쓴이의 생각입니다. 빈칸에 들어갈 알맞은 낱말은 무엇인가요? (③)

다른 사람과 가진 것을 나누면 행복한 _____이/가 생긴다.

① 말   ② 나이   ③ 마음   ④ 취미   ⑤ 감각

디지털 속 한 문장

다음을 보고, 소개라는 낱말을 넣어 자신을 소개하는 글을 써 보세요.

해설 '소개'라는 낱말을 넣어, 자신에 대해 소개하는 내용을 담아 글을 씁니다.

#자기소개
안녕하세요? 저에 대해 소개할게요. 제 이름은 임태리예요. 저는 초등학교 2학년이에요. 제 꿈은 선생님이 되는 것에요. 그리고 저의 취미는 그림 그리기예요.

✏️ 예) #좋아하는 것 #퍼즐 #게임
저는 이은호예요. 제가 좋아하는 것을 소개할게요. 저는 그림 맞추기 퍼즐을 좋아하고, 친구들과 함께 컴퓨터 게임을 하는 것을 좋아해요.

공부한 날짜   월   일

정답 및 해설 9쪽

국어 주제 05 글의 종류에는 무엇이 있을까?

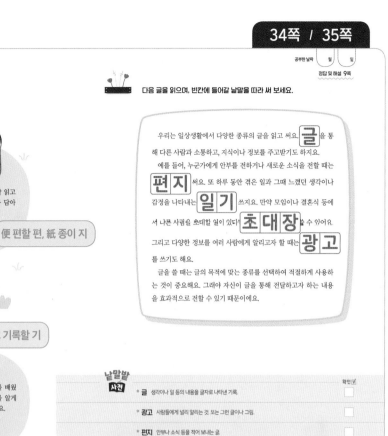

낱말밭

토끼는 글자를 가르쳐 줄 친구를 구한다는 내용의 광고를 그림으로 그려서 집 앞에 붙였어요.

광고 廣 넓을 광, 告 아뢸 고

토끼의 광고를 본 여우는 글을 잘 읽고 쓰는 원숭이에게 토끼의 이야기를 담아 편지를 썼어요.

편지 ← 便 편할 편, 紙 종이 지

글
어느 숲속에 글자를 몰라서 글을 읽지도 쓰지도 못하는 토끼가 살았어요.

초대장 招 부를 초, 待 기다릴 대, 狀 문서 장

편지를 읽은 원숭이는 토끼에게 글자를 배우러 오라는 내용과 자신의 집에 오는 길이 그려진 초대장을 보냈어요.

일기 日 날 일, 記 기록할 기

토끼는 원숭이에게 가서 글자를 배웠어요. 그리고 집으로 가서 글자를 알게 된 기쁜 마음을 담아 일기를 썼어요.

다음 글을 읽으며, 빈칸에 들어갈 낱말을 따라 써 보세요.

우리는 일상생활에서 다양한 종류의 글을 읽고 써요. **글**을 통해 다른 사람과 소통하고, 지식이나 정보를 주고받기도 하지요.

예를 들어, 누군가에게 안부를 전하거나 새로운 소식을 전할 때는 **편지**를 써요. 또 하루 동안 겪은 일과 그때 느꼈던 생각이나 감정을 나타내는 **일기**를 쓰지요. 만약 모임이나 결혼식 등에서 다른 사람을 초대할 일이 있다면 **초대장**을 쓸 수 있어요. 그리고 다양한 정보를 여러 사람에게 알리고자 할 때는 **광고**를 쓰기도 해요.

글을 쓸 때는 글의 목적에 맞는 종류를 선택하여 적절하게 사용하는 것이 중요해요. 그래야 자신이 글을 통해 전달하고자 하는 내용을 효과적으로 전할 수 있기 때문이에요.

낱말밭 사전

확인 ☑

* **글** 생각이나 일 등의 내용을 글자로 나타낸 기록. ☐
* **광고** 사람들에게 널리 알리는 것. 또는 그런 글이나 그림. ☐
* **편지** 안부나 소식 등을 적어 보내는 글 ☐
* **초대장** 어떤 자리나 모임에 초대하는 뜻을 적어 보내는 편지. ☐
* **일기** 날마다 그날그날 겪은 일이나 생각, 느낌 등을 적는 개인의 기록. ☐

정답 및 해설 9쪽

국어 주제 05
낱말밭 일일학습

1단계 확인과 적용

01 다음 낱말의 뜻으로 알맞은 것을 찾아 선으로 이으세요.

(1) 글 ―――― ㉠ 생각이나 일 등의 내용을 글자로 나타낸 기록.

(2) 일기 ―――― ㉡ 사람들에게 널리 알리는 것. 또는 그런 글이나 그림.

(3) 광고 ―――― ㉢ 날마다 그날그날 겪은 일이나 생각, 느낌 등을 적는 개인의 기록.

02 다음 빈칸에 들어갈 알맞은 낱말을 보기에서 찾아 쓰세요.

보기
편지   광고   초대장

(1) 동생은 새로 나온 아이스크림 (**광고**)을/를 읽으며 침을 꿀꺽 삼켰다.

(2) 외국에 간 삼촌이 보낸 (**편지**)에는 가족에 대한 그리움이 잘 담겨 있었다.

03 다음 중 '일기'를 바르게 사용한 것을 찾아 ○표 하세요.

① 나는 학교에서 열리는 운동회에 부모님을 초대하기 위해 일기를 썼다. ( )

② 선생님께서는 여름 방학 동안 일기를 한꺼번에 쓴 친구들을 꾸짖으셨다. (○)

04 다음 중 밑줄 친 낱말을 바르게 사용하여 말한 친구의 이름을 쓰세요.

 하율: 동생은 나에게 대들어서 미안하다는 내용의 광고를 써서 주었어.

 찬우: 우리 집 우편함에 누가 보냈는지 모를 편지가 꽂혀 있었어.

(**찬우**)

해설
친구를 초대하기 위해 만든 것이므로, 빈칸에는 '어떤 자리나 모임에 초대하는 뜻을 적어서 보내는 편지.'인 '초대장'이 들어가야 알맞습니다.

05 다음 빈칸에 들어갈 낱말로 알맞은 것을 찾아 ○표 하세요.

다연이는 전학 온 친구를 집으로 초대하기로 했어요. 그래서 친구에게 줄 ☐☐☐도 직접 만들었지요. 색 도화지를 반으로 접어서 안쪽에 초대 내용을 쓰고, 다연이네 집으로 오는 길이 그려진 그림도 넣었어요.

(일기 , (초대장))

06 다음 빈칸에 공통으로 들어갈 알맞은 낱말을 보기에서 찾아 쓰세요.

보기
일기   광고

☐☐는 새로 나온 물건을 팔기 위한 목적으로 만들기도 해요. 사람들이 그 물건을 사고 싶어지도록 다양한 글과 그림, 영상을 넣지요. 그래서 ☐☐를 볼 때는 그 물건이 꼭 필요한지 여러 번 생각해 보는 것이 좋아요. 그렇게 해야 필요하지 않은 물건을 사지 않을 수 있답니다.

(**광고**)

해설
'일기'는 '날마다 그날그날 겪은 일이나 생각, 느낌 등을 적는 개인의 기록.'을 뜻하는 낱말입니다. ①에서 학교 운동회에 부모님을 초대할 때는 '어떤 자리나 모임에 초대하는 뜻을 적어서 보내는 편지.'를 뜻하는 '초대장'을 써야 알맞습니다.

2단계 활용

07 다음 보기와 같이 주어진 낱말을 넣어 짧은 문장을 만들어 쓰세요.

보기
일기
✏ 엄마께서는 그날 겪은 일 중 가장 기뻤던 내용을 담아 일기를 쓰신다.

(1) 편지
✏ 예 나는 할아버지께 빨리 뵙고 싶다는 내용을 담은 편지를 써서 보냈다.

(2) 초대장
✏ 예 동생의 유치원에서 발표회를 연다는 초대장을 보냈다.

국어 주제 06 날짜를 세는 말에는 무엇이 있을까?

유나네 가족이 여행할 장소는 부여예요. 아버지께서는 세 밤을 자고 오는 나흘간의 여행을 계획하셨어요.

나흘

유나네 가족은 여행을 가기 보름 전부터 준비를 시작했어요. 15일 동안 계획을 세우고 물건을 챙겨 두었지요.

보름

날짜

유나네 가족은 여행을 가기 위해 날짜를 정했어요.

이튿날

드디어 여행이 시작되었어요. 첫날에는 삼천궁녀가 뛰어내린 낙화암을 구경했고, 이튿날에는 박물관에 갔어요.

사흘

여행 사흘째 되던 날 저녁, 유나네 가족은 궁남지 주변을 산책하며 여행의 마지막 밤을 아쉬워했어요.

다음 글을 읽으며, 빈칸에 들어갈 낱말을 따라 써 보세요.

현장 체험 학습을 가는 날이나 방학이 시작되는 날을 손꼽아 기다려 본 적이 있지요? 아마 그날이 되기 전에 얼마나 남았는지 3일 전, 2일 전, 1일 전과 같이 **날짜**를 세어 본 적도 있을 거예요. 날짜를 세는 낱말은 순우리말에도 있어요. 1일은 '하루', 2일은 '이틀', 3일은 **사흘** 4일은 **나흘**이라고 말할 수 있어요. 그리고 15일은 '보름'이라는 말로도 나타낼 수 있어요. 예를 들어 '여행을 가려면 15일은 더 기다려야 한다.'라고 말하고 싶다면 '여행을 가려면 **보름**은 더 기다려야 한다.'와 같이 말할 수도 있지요.

또한 날짜는 오늘을 기준으로 부르기도 해요. 오늘의 바로 전날은 '어제', 오늘의 바로 다음 날은 '내일'이라고 하며, 어떤 일이 일어난 후 그다음의 날은 **이튿날**이라고 한답니다.

낱말밭 사전

	확인☑
* **날짜** ① 어느 날이라고 정한 날. ② 일정한 일을 하는 데 걸리는 날의 수.	
* **나흘** 네 날. 4일.	
* **보름** 열닷새 동안. 15일 동안.	
* **이튿날** 어떤 일이 있은 그다음의 날.	
* **사흘** 세 날. 3일.	

국어 주제 06 낱말밭 일일학습

1단계 확인과 적용

01 다음 낱말의 뜻으로 알맞은 것을 보기에서 찾아 기호를 쓰세요.

보기
ⓐ 네 날.
ⓑ 어느 날이라고 정한 날.
ⓒ 어떤 일이 있은 그다음의 날.

(1) 날짜 (ⓑ) (2) 나흘 (ⓐ) (3) 이튿날 (ⓒ)

02 다음 문장에 어울리는 낱말을 찾아 ○표 하세요.
(1) 우리 가족은 수요일부터 금요일까지 (나흘 , 사흘) 동안 여행을 했다.
(2) 형은 그 두꺼운 책을 읽는 데 (보름 , 날짜)밖에 걸리지 않았다고 했다.
(3) 밤새 끙끙 앓던 강아지가 (날짜 , 이튿날)에는 많이 나아져서 밥을 먹었다.

03 다음 대화의 빈칸에 들어갈 알맞은 낱말에 ○표 하세요.

내 친구는 가족과 함께 20일 정도 전국을 여행했는데,

우아, 그럼 거의 ◯◯이 넘는 기간 동안 여행한 것이구나!

(보름 , 이튿날)

04 다음 첫 자음자를 보고, 빈칸에 들어갈 알맞은 낱말을 쓰세요.

(1) ㅅ ㅎ
엄마께서는 (사흘) 동안 아빠를 위한 목도리를 만드셨다.

(2) ㄴ ㅉ
우리 반 연극 발표회까지 (날짜)이/가 얼마 남지 않았다.

해설
빈칸의 뒤에 나오는 '세어 보니 벌써 100일', '세며' 등의 내용으로 보아 빈칸에는 '날짜'가 들어가는 것이 알맞습니다.

05 다음 빈칸에 공통으로 들어갈 낱말로 알맞은 것은 무엇인가요? (①)

삼촌, 안녕하세요? 삼촌이 유학을 떠나신 날부터 ◯◯을/를 세어 보니 벌써 100일이 넘었더라고요. 학교생활은 즐거우신가요? 아빠께서 겨울 방학 때 삼촌을 보러 가자고 하셨어요. 저는 요즘 매일 ◯◯을/를 세며 겨울 방학만 기다리고 있어요. 어서 빨리 삼촌을 만나러 가고 싶어요.

① 날짜 ② 사흘 ③ 나흘 ④ 보름 ⑤ 이튿날

해설
'이튿날'은 '어떤 일이 있은 그다음의 날.'을 뜻하는 낱말입니다. ⓐ'열닷새 동안.'은 '보름'의 뜻입니다.

06 다음 밑줄 친 낱말의 뜻으로 알맞은 것을 보기에서 찾아 기호를 쓰세요.

보기
ⓐ 열닷새 동안. ⓑ 어떤 일이 있은 그다음의 날.

서진이는 밤새 내리는 빗소리 때문에 잠을 잘 수 없었어요. 하늘에 구멍이라도 난 것처럼 굵은 비가 밤새도록 내렸지요. 그런데 이튿날 아침이 되자 언제 비가 왔냐는 듯 맑은 하늘에 무지개가 둥실 떠 있었어요. 서진이는 예쁜 무지개를 보면서 비가 내렸던 것이 마치 거짓말처럼 느껴졌어요.

(ⓑ)

해설
친구네 가족은 20일 정도 전국을 여행했다고 하였으므로, 15일이 넘는 기간을 여행하였습니다. 따라서 보름이 넘는 기간 동안 여행했다고 말하는 것이 알맞습니다.

2단계 활용

07 다음 보기와 같이 주어진 낱말을 넣어 짧은 문장을 만들어 쓰세요.

보기
사흘
✎ 나는 잃어버린 지갑을 사흘 만에 다시 찾았다.

(1) 나흘
✎ 예 아버지께서 한 달 동안 일하면서 쉴 수 있는 날은 나흘뿐이다.

(2) 보름
✎ 예 나는 보름이 넘게 줄넘기 연습을 열심히 했다.

국어 주제 07 우리는 어떤 생각을 할까?

낱말밭

오늘 아침, 일찍 일어난 나에게 부모님께서 강아지를 키우기로 결정하셨다고 말씀하셨어요.

결정

決 결정할 결, 定 정할 정

나는 너무 기뻐서 심장이 두근두근 뛰었어요. 강아지와 함께 살 생각을 하니 너무 설레고 기대가 되었어요.

기대

期 기약할 기, 待 기다릴 대

생각

우리는 늘 집에서 강아지를 키우고 싶다고 생각했어요. 하지만 부모님께서는 반대하셨어요.

斟 짐작할 짐, 酌 따를 작

짐작

동생은 자고 있어서 아직 이 소식을 듣지 못했어요. 하지만 나는 동생이 정말 기뻐할 것이라고 짐작할 수 있었지요.

느낌

우리는 오후에 강아지를 데려오기로 했어요. 강아지와 함께하는 시간이 행복할 것이라는 느낌이 들어요.

 다음 글을 읽으며, 빈칸에 들어갈 낱말을 따라 써 보세요.

우리 머릿속에서는 늘 많은 **생각**이 떠올라요. 예를 들어, 무언가를 **결정**하는 생각을 해요. 오늘 점심으로 무엇을 먹을지 혹은 주말에 누구와 만날지 등을 생각하여 결정할 수 있지요. 또, 어떤 일에 대해 **기대**할 수 있어요. 곧 여행을 떠난다면, 재미있고 행복한 여행에 대해 바라는 점 등을 생각하는 것이지요. 그리고 우리는 무언가를 **짐작**해 볼 수도 있어요. 상황이나 분위기 등을 통해서 어떤 물건이나 일에 관한 판단을 내려 보는 것이에요. 엄마에게 혼이 난 동생의 마음이 어떠할지 짐작해 볼 수 있지요. 마지막으로, 우리는 모든 것에 대해 **느낌**을 가질 수 있어요. 몸의 감각이나 마음으로 어떤 감정이나 기분을 느끼는 것이지요. 음악을 듣고 좋은 기분을 느끼거나, 꽃의 향기를 맡고 향기롭다고 느낄 수 있어요. 이렇게 우리의 머릿속에서는 아주 다양한 생각이 이루어진답니다.

낱말밭 사전

확인 ☑

* **생각** 머릿속으로 헤아리거나 판단하거나 인식하는 것.
* **결정** 무슨 일을 어떻게 하기로 정하는 것.
* **기대** 어떤 일이 원하는 대로 이루어지기를 바라면서 기다림.
* **짐작** 사정이나 형편 등을 대강 알아차리는 것.
* **느낌** 몸의 감각이나 마음으로 깨달아 아는 기운이나 감정.

국어 주제 07 낱말밭 일일학습

1단계 확인과 적용

01 다음 낱말의 뜻으로 알맞은 것을 찾아 선으로 이으세요.

(1) 생각 ——— ㉠ 무슨 일을 어떻게 하기로 정하는 것.
(2) 결정 ——— ㉡ 머릿속으로 헤아리거나 판단하거나 인식하는 것.

02 다음 빈칸에 들어갈 낱말로 알맞은 것은 무엇인가요? (④)

> 나는 짝꿍이 나에게 화를 내는 까닭을 [   ]하지 못했다.

① 결정 ② 기대 ③ 행동 ④ 짐작 ⑤ 소개

해설
내가 짝꿍이 화를 내는 까닭을 알아차리지 못했다는 내용이므로 '사정이나 형편 등을 대강 알아차리는 것.'이라는 뜻의 '짐작'이 들어가야 알맞습니다.

03 다음 대화의 빈칸에 들어갈 알맞은 낱말에 ○표 하세요.

> 운동회에서 우리 반을 대표하여 내가 달리기 경기에 참여하기로 [   ]되었어.
>
> 네 덕분에 우리 반이 달리기 경기에서 1등을 할 수 있을 것 같은 느낌이 들어.

(기대 , 결정○)

04 다음 빈칸에 들어갈 낱말을 보기에 있는 글자 카드로 만들어 쓰세요.

보기
> 낌   기   정   대   느   결

(1) 선생님께서 짝을 바꾸기로 (**결정**)하시자 아이들이 기뻐했다.
(2) 나는 다음 주에 있을 현장 체험 학습을 매우 (**기대**)하고 있다.
(3) 어릴 때 찍은 가족사진을 보니 마음이 따뜻해지는 (**느낌**)이/가 들었다.

05 다음 ㉠과 ㉡에 들어갈 알맞은 낱말을 보기에서 찾아 쓰세요.

보기
> 기대   느낌

> 설이는 아침에 눈을 뜨자 상쾌한 ㉠ 이/가 들었어요. 오늘은 소풍 가는 날이에요. 부모님께서는 맛있게 만드신 도시락을 챙기셨고, 설이는 예쁜 옷을 꺼내 입었어요. 설이는 가족들과 함께하는 소풍이 무척이나 ㉡ 이/가 되었어요.

(1) ㉠: (**느낌**) (2) ㉡: (**기대**)

해설
눈을 뜨자 상쾌한 기분이 느껴졌다는 내용이므로 ㉠에는 '몸의 감각이나 마음으로 깨달아 아는 기운이나 감정.'이라는 뜻의 '느낌'이, ㉡에는 가족과 함께 떠나는 소풍을 기다리는 마음이 들어가야 하므로, '어떤 일이 원하는 대로 이루어지기를 바라면서 기다림.'이라는 뜻의 '기대'가 들어가야 알맞습니다.

06 다음 밑줄 친 낱말과 같은 낱말이 들어갈 문장에 ○표 하세요.

> 일기에는 그날 느낀 글쓴이의 생각과 감정이 잘 드러나 있다.

① 우리 가족은 오랜 [   ] 끝에 해외여행을 가기로 했다. (○)
② 내 동생은 어려서부터 똑똑해서 주위의 [   ]을 한 몸에 받고 자랐다. (   )

2단계 활용

07 다음 보기와 같이 주어진 낱말을 넣어 짧은 문장을 만들어 쓰세요.

보기
> 결정
> ✎ 오늘 저녁에 가족이 함께 밖에서 식사하기로 결정했다.

(1) 짐작
> ✎ 예 나는 내 장난감을 망가뜨린 사람이 동생일 것이라고 짐작했다.

(2) 기대
> ✎ 예 우리는 잘할 수 있다는 기대를 가지고 달리기 연습을 열심히 했다.

공부한 날짜 ___ 월 ___ 일

정답 및 해설 12쪽

국어 주제 08 설명할 때 필요한 것은 무엇일까?

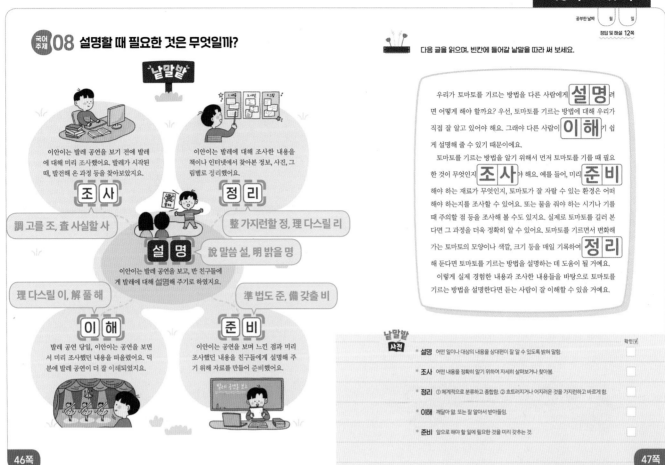

조사 調 고를 조, 査 사실할 사

이안이는 발레 공연을 보기 전에 발레에 대해 미리 조사했어요. 발레가 시작된 때, 발전해 온 과정 등을 찾아보았지요.

정리 整 가지런할 정, 理 다스릴 리

이안이는 발레에 대해 조사한 내용을 책이나 인터넷에서 찾아본 정보, 사진, 그림별로 정리했어요.

설명 說 말씀 설, 明 밝을 명

이안이는 발레 공연을 보고, 반 친구들에게 발레에 대해 설명해 주기로 하였지요.

이해 理 다스릴 이, 解 풀 해

발레 공연 당일, 이안이는 공연을 보면서 미리 조사했던 내용을 떠올렸어요. 덕분에 발레 공연이 더 잘 이해되었지요.

준비 準 법도 준, 備 갖출 비

이안이는 공연을 보며 느낀 점과 미리 조사했던 내용을 친구들에게 설명해 주기 위해 자료를 만들어 준비했어요.

다음 글을 읽으며, 빈칸에 들어갈 낱말을 따라 써 보세요.

우리가 토마토를 기르는 방법을 다른 사람에게 **설명**하려면 어떻게 해야 할까요? 우선, 토마토를 기르는 방법에 대해 우리가 직접 잘 알고 있어야 해요. 그래야 다른 사람이 **이해**하기 쉽게 설명해 줄 수 있기 때문이에요.

토마토를 기르는 방법을 알기 위해서 먼저 토마토를 기를 때 필요한 것이 무엇인지 **조사**해야 해요. 예를 들어, 미리 **준비**해야 하는 재료가 무엇인지, 토마토가 잘 자랄 수 있는 환경은 어떻게 해야 하는지를 조사할 수 있어요. 또는 물을 줘야 하는 시기나 기를 때 주의할 점 등을 조사해 볼 수도 있지요. 실제로 토마토를 길러 본다면 그 과정을 더욱 정확히 알 수 있어요. 토마토를 기르면서 변화해 가는 토마토의 모양이나 색깔, 크기 등을 매일 기록하여 **정리**해 둔다면 토마토를 기르는 방법을 설명하는 데 도움이 될 거예요.

이렇게 실제 경험한 내용과 조사한 내용들을 바탕으로 토마토를 기르는 방법을 설명한다면 듣는 사람이 잘 이해할 수 있을 거예요.

낱말밭 사전

확인 ☑

- **설명** 어떤 일이나 대상의 내용을 상대편이 잘 알 수 있도록 밝혀 말함. ☐
- **조사** 어떤 내용을 정확히 알기 위하여 자세히 살펴보거나 찾아봄. ☐
- **정리** ① 체계적으로 분류하고 종합함. ② 흐트러지거나 어지러운 것을 가지런하고 바르게 함. ☐
- **이해** 깨달아 앎. 또는 잘 알아서 받아들임. ☐
- **준비** 앞으로 해야 할 일에 필요한 것을 미리 갖추는 것. ☐

국어 주제 08

낱말밭 일일학습

1단계 확인과 적용

정답 및 해설 12쪽

01 다음 뜻을 가진 낱말을 보기에서 찾아 쓰세요.

보기
설명   이해

(1) 깨달아 앎. (**이해**)
(2) 어떤 일이나 대상의 내용을 상대편이 잘 알 수 있도록 밝혀 말함.
(**설명**)

02 다음 빈칸에 들어갈 낱말로 알맞은 것을 찾아 선으로 이으세요.

(1) 동생은 만들기가 끝나자 주변을 깨끗이 [   ]했다.   · ㉠ 이해
(2) 경찰은 범인을 찾기 위해 주변 사람들을 [   ]했다.   · ㉡ 정리
(3) 우리는 사이좋게 지내라는 선생님의 말씀을 잘 [   ]했다.   · ㉢ 조사

03 다음 중 밑줄 친 낱말을 바르게 사용하여 말한 친구의 이름을 쓰세요.

지민: 오빠는 장난감을 종류별로 정리했어.
태훈: 아빠께서는 새로 산 청소기를 사용하는 방법을 나에게 준비하셨어.

(**지민**)

해설
'준비'는 '앞으로 해야 할 일에 필요한 것을 미리 갖추는 것.'이라는 뜻이므로, 태훈은 '준비' 대신 '설명'이라는 낱말을 사용해야 알맞습니다.

04 다음 중 '준비'를 바르게 사용한 것을 찾아 ○표 하세요.

① 비행장에는 항상 여러 대의 비행기가 땅에서 날아가기 위해 준비를 하고 있다. (○)
② 나는 책상 서랍을 준비하다가 뜯어보지도 않은 채 넣어 두었던 편지를 발견했다. ( )

05 다음 밑줄 친 낱말의 뜻으로 알맞은 것을 보기에서 찾아 기호를 쓰세요.

보기
㉠ 깨달아 앎. 또는 잘 알아서 받아들임.
㉡ 어떤 내용을 정확히 알기 위하여 자세히 살펴보거나 찾아봄.

부모님께서는 자녀들에게 도움이 되는 말을 해 주십니다. "친구들과 사이좋게 지내야 해.", "음식을 골고루 먹어야 해."와 같은 말들을 해 주시지요. 자녀들은 이러한 말들을 잔소리가 아니라 사랑의 표현으로 이해해야 해요. 그래야 서로에 대한 믿음도 강해지게 되고, 행복하게 지낼 수 있어요.

(㉠)

06 다음 빈칸에 들어갈 낱말로 알맞은 것은 무엇인가요? (③)

안녕하세요? '능률초등학교 2학년 2반 학생들이 가장 좋아하는 가수'에 대해 알아보기 위해 [   ]을/를 진행하고자 합니다. 이 설문지 안에 있는 질문들에 답을 쓰신 후 교실에 설치해 둔 상자에 넣어 주세요.

① 정리   ② 이해   ③ 조사   ④ 설명   ⑤ 준비

해설
반 친구들이 좋아하는 가수에 대해 '알아보기 위해'라는 말이 있으므로, '어떤 내용을 정확히 알기 위하여 자세히 살펴보거나 찾아봄.'이라는 뜻의 '조사'가 들어가야 알맞습니다.

2단계 활용

07 다음 문장의 빈칸에 들어갈 낱말을 보기에서 찾아 쓰고, 완성한 문장을 그대로 따라 써 보세요.

보기
준비   설명

(1) 내일 학교에 가져갈 학용품을 미리 (**준비**)해 두었다.
🖊 내일 학교에 가져갈 학용품을 미리 준비해 두었다.

(2) 선생님께서는 어려운 문제를 알기 쉽게 (**설명**)해 주셨다.
🖊 선생님께서는 어려운 문제를 알기 쉽게 설명해 주셨다.

공부한 날짜 월 일

국어
05~08 '낱말살' 주간학습

01 다음 빈칸에 들어갈 낱말을 보기에 있는 글자 카드로 만들어 쓰세요.

보기
| 느 | 름 | 광 | 낌 | 보 | 고 |

(1) 우리 가족은 (**보름**) 동안 부산 곳곳을 여행하였다.

(2) 나는 머리가 아프고 가슴이 갑갑한 (**느낌**)이/가 들어서 병원에 갔다.

(3) 계획 없이 (**광고**)만 보고 물건을 바로 사는 것은 좋지 않은 소비 습관이다.

02 다음 문장에 어울리는 낱말을 찾아 ◯표 하세요.

(1) 학급 회의 시간에 열린 회장 선거에서 수진이가 회장으로 (생각 , **결정**)되었다.

(2) 우리는 강낭콩의 성장 과정을 관찰한 내용을 (**정리** , 결정)하여 관찰기록문을 썼다.

(3) 여행이 끝난 후 생각하거나 느낀 점을 (**글** , 초대장)(으)로 써 두면 나중에 기억하기에 좋다.

03 다음 빈칸에 들어갈 낱말로 알맞은 것은 무엇인가요? (**④**)

우리가 이 동네로 이사를 온 지 ____이/가 지났다.

해설
① 일기 ② 준비 ③ 느낌 ④ 사흘 ⑤ 이튿날
이사를 온 후의 기간을 말하는 것이므로 '사흘'이 들어가는 것이 알맞습니다.

04 다음 중 '조사'를 바르게 사용한 것을 찾아 ◯표 하세요.

① 그 형사는 범인이 누구인지 알아내기 위해 현장을 조사했다. (◯)

② 아이들은 카네이션을 직접 만들어, 스승의 날에 선생님께 선물해 드릴 꽃바구니를 조사했다. ( )

해설
다른 사람에게 어떤 대상에 대해 알려 주는 방법에 대해 말하고 있으므로, 빈칸에는 '어떤 일이나 대상의 내용을 상대편이 잘 알 수 있도록 밝혀 말함.'이라는 뜻을 가진 '설명'이 들어가는 것이 알맞습니다.

정답 및 해설 13쪽

05 다음 빈칸에 공통으로 들어갈 낱말로 알맞은 것을 찾아 ◯표 하세요.

어떤 내용을 다른 사람에게 ____하려면 어떻게 해야 할까요? 먼저 무엇을 ____하려고 하는지에 대해 밝혀야 해요. 그리고 그 대상에 대해 자세히 예를 들어서 알려 줄 수 있어요. 또는 대상을 일정한 기준에 따라 종류별로 나누어서 알려 줄 수도 있어요.

(조사 , **설명** , 준비)

06 다음 밑줄 친 낱말과 바꾸어 쓸 수 있는 낱말은 무엇인가요? (**③**)

저는 지금 장미 축제가 열리는 현장에 와 있습니다. 축제가 열린 지 오늘로 4일째인데, 벌써 12만 명이 다녀갔다고 합니다. 축제가 열리는 일주일 동안 매일 저녁 음악회가 열린다고 합니다. 장미꽃과 음악을 즐기기 위한 시민들의 발걸음이 끊이지 않고 있습니다.

① 날짜 ② 사흘 ③ 나흘 ④ 보름 ⑤ 이튿날

해설
'4일'은 '네 날.'을 뜻하는 순우리말 '나흘'로 바꾸어 쓸 수 있습니다.

07 다음 ㉠과 ㉡에 들어갈 알맞은 낱말을 바르게 짝 지은 것은 무엇인가요? (**②**)

산아: 설아, 너 ㉠ 썼어?
설아: 응, 어제 새로 온 고양이가 우리 가족이 된 일을 썼어.
산아: 난 특별한 일이 생기지 않아서 쓰지 못했는데…….
설아: 음, 꼭 특별한 일을 쓰지 않아도 돼. 하루 중 기억에 남는 일에 대한 생각이나 ㉡을 쓰면 돼.
산아: 아니, 기억에 남는 일이 하나도 없었다니까.
설아: 휴…….

① ㉠: 편지 - ㉡: 짐작 ② ㉠: 일기 - ㉡: 느낌 ③ ㉠: 광고 - ㉡: 기대
④ ㉠: 일기 - ㉡: 준비 ⑤ ㉠: 초대장 - ㉡: 짐작

[08~10] 다음 글을 읽고, 물음에 답하세요.

사람들은 특별한 날에 다른 사람들과 모이는 것을 좋아해요. 많은 사람들이 한자리에 모이기 위해서는 초대장이 필요해요. 초대장이란 어떤 자리나 모임 또는 행사 등에 참석해 달라고 요청하는 편지를 말해요.

초대장에는 어떤 내용이 들어가야 할까요? 먼저, 다른 사람을 초대하는 목적이 무엇인지 밝혀야 해요. 어떤 모임에 초대하는 것인지, 무엇을 함께할 것인지 등을 쓸 수 있어요.

그리고 초대하는 때가 언제인지 ㉠와/과 시간을 꼭 써 줘야 해요. 모임이 열리는 장소도 꼭 써야 하지요. 가능하면 장소를 쉽게 찾을 수 있도록 그림을 그려 줘도 좋아요. 이 외에도 모임에 오는 사람이 준비해 와야 할 것이나 입어야 하는 옷 색깔도 알려 주는 것이 좋답니다.

08 ㉠에 들어갈 알맞은 낱말에 ◯표 하세요.

(보름 , **날짜** , 광고)

해설
㉠ 앞의 '언제인지'라는 표현으로 보아 '날짜'가 들어가는 것이 알맞습니다.

09 다음 뜻을 가진 낱말을 이 글에서 찾아 두 글자로 쓰세요.

앞으로 해야 할 일에 필요한 것을 미리 갖추는 것.

(**준비**)

해설
주어진 뜻을 가진 낱말은 '준비'입니다.

10 다음은 이 글의 중심 내용입니다. 빈칸에 들어갈 알맞은 낱말은 무엇인가요? (**⑤**)

____에는 초대하는 목적, 날짜와 시간, 장소를 꼭 써야 한다.

해설
① 글 ② 편지 ③ 광고 ④ 일기 ⑤ 초대장
이 글은 초대장에 꼭 써야 하는 것은 무엇인지에 대해 설명하고 있으므로, 빈칸에 들어갈 말은 '초대장'임을 알 수 있습니다.

정답 및 해설 13쪽

🔍 디지털 속 한 문장

다음을 보고, 초대장이라는 낱말을 넣어 ㉠에 들어갈 대화 글을 써 보세요.

👥 3

애들아, 안녕? 우리 집에서 열리는 파티에 초대할게.

초대장
날짜: 5월 5일
장소: 우리 집
준비: 아빠께 받아 올 수과 과자

우아, 초대해 줘서 고마워. 그럼 나는 맛있는 과자를 준비해 갈게.

태호네 집에 초대받다니 기분이 정말 좋다!

㉠

✏️ **예** 나도 초대장을 받으니까 벌써부터 파티가 재미있을 것 같아서 기대가 돼. 난 무엇을 준비해 갈까?

해설
'초대장'이라는 낱말을 넣어 이어지는 대화 글을 자유롭게 써 봅니다.

공부한 날짜   월   일

정답 및 해설 14쪽

사회 주제 01 직업의 종류에는 무엇이 있을까?

낱말밭

처음 체험해 본 직업은 사람들을 지켜 주는 경찰관이었어요. 멋진 제복을 입고 현장에 출동하는 일을 해 보았어요.

경찰관

불이 난 곳에 가서 불을 끄고, 사람들을 구해 주는 소방관도 체험했어요. 굉장히 힘들지만, 보람이 있을 것 같았지요.

소방관

瞥 경계할 경, 察 살필 찰, 官 벼슬 관

消 꺼질 소, 防 막을 방, 官 벼슬 관

직업

職 벼슬 직, 業 업 업

꿈이 없던 현주에게 부모님께서는 직업 체험관에 가 보자고 하셨어요.

藝 재주 예, 術 꾀 술, 家 집 가

獸 짐승 수, 醫 의원 의, 師 스승 사

예술가

발레복을 입고 발레리나가 되어 보는 예술가 체험도 했어요. 사람들 앞에서 춤을 선보이는 것이 재미있었어요.

수의사

동물을 치료해 주는 수의사를 체험하면서 현주는 가장 즐거웠어요. 자신에게 딱 맞는 일이라는 생각이 들었지요.

다음 글을 읽으며, 빈칸에 들어갈 낱말을 따라 써 보세요.

사람들은 각자 자기가 좋아하거나 잘할 수 있는 일을 **직업** 으로 선택해요. 그리고 일을 하면서 번 돈으로 생활을 하고, 일을 통해 보람을 느끼기도 하지요. 우리가 사는 세상에는 다양한 직업이 있어요.

먼저, 다른 사람의 생명이나 재산을 지켜 주는 직업이 있어요. 교통 정리를 하거나 범죄를 저지른 사람을 잡아 주는 **경찰관** 이 있고, 불이 났을 때 불을 끄고 위급한 상황에 처한 사람들을 도와 주~~는~~ **소방관** 있지요. 또한 학생들에게 공부를 가르쳐 주는 선생님도 있어요. 그리고 아픈 사람을 치료해 주는 의사와 아픈 동물을 치료해 주~~는~~ **수의사** 이지요. 이 외에도 음악을 연주하거나 무용을 하는 등 예술과 관련된 일을 하~~는~~ **예술가** 도 있어요. 이러한 직업들은 시간이 흐르면서 없어지기도 하고 새로 생기기도 한답니다.

낱말밭 사전

확인 ☑

* **직업** 생활을 하기 위하여 자신의 적성과 능력에 따라 계속해서 하는 일.

* **경찰관** 사회의 질서를 지키고 국민의 안전과 재산을 보호하는 일을 하는 공무원.

* **소방관** 불이 나지 않도록 예방하고 불을 끄거나, 위급한 상황에서 사람을 구하는 활동을 하여 국민의 생명과 재산을 보호하는 공무원.

* **예술가** 예술 작품을 창작하거나 표현하는 일을 하는 사람.

* **수의사** 짐승, 특히 가축에 생기는 여러 가지 질병을 진찰하고 치료하는 의사.

56쪽

57쪽

사회 주제 01 낱말밭 일일학습

정답 및 해설 14쪽

1단계 확인과 적용

01 다음 뜻을 가진 낱말을 보기에서 찾아 쓰세요.

보기   경찰관   예술가

(1) 예술 작품을 창작하거나 표현하는 일을 하는 사람. (**예술가**)

(2) 사회의 질서를 지키고 국민의 안전과 재산을 보호하는 일을 하는 공무원. (**경찰관**)

02 다음 중 밑줄 친 낱말을 바르게 사용하여 말한 친구의 이름을 쓰세요.

 민서: 수의사인 삼촌께서 아픈 강아지를 바르게 치료해 주셨어.

진호: 나는 나쁜 일을 한 범인을 잡는 소방관이 될 거야.

(**민서**)

03 다음 첫 자음자를 보고, 빈칸에 들어갈 알맞은 낱말을 쓰세요.

(1) ㅅ ㅂ ㄱ
산불이 났다는 신고 전화를 받고 (**소방관**)이/가 출동했다.

(2) ㅇ ㅅ ㄱ
그는 오랜 연습과 노력 끝에 세계적으로 인정받는 (**예술가**)이/가 되었다.

해설
(1)은 미용사라는 내용으로 보아 '직업', (2)는 불이 나자 달려왔다는 내용으로 보아 '소방관', (3)은 범인이 나타나기를 몰래 기다렸다는 내용으로 보아 '경찰관'이 들어가는 것이 알맞습니다.

04 다음 빈칸에 들어갈 낱말로 알맞은 것을 찾아 선으로 이으세요.

(1) 우리 아버지의 □□은 미용사입니다. — ㉠ 직업

(2) 달리던 자동차에 불이 나자 □□□이 달려왔다. — ㉡ 경찰관

(3) □□□은 몰래 숨어서 범인이 나타나기를 기다렸다. — ㉢ 소방관

05 다음 밑줄 친 낱말의 뜻으로 알맞은 것을 보기에서 찾아 기호를 쓰세요.

보기
㉠ 예술 작품을 창작하거나 표현하는 일을 하는 사람.
㉡ 짐승, 특히 가축에 생기는 여러 가지 질병을 진찰하고 치료하는 의사.

재용이는 길을 걷다가 바닥에 노란빛의 털 뭉치가 떨어져 있는 것을 봤어요. 다가가서 보니 쓰러져 있는 아기 고양이였어요. 재용이는 고양이를 안고 동물 병원으로 달려갔어요. 수의사 선생님께서는 빨리 온 덕분에 고양이가 살 수 있었다고 말씀하셨어요. 그제야 재용이는 마음이 놓였어요.

(㉡)

해설
생활하기 위한 돈을 벌고, 자신의 꿈을 이루고, 보람을 느낀다는 내용으로 보아 빈칸에 들어갈 알맞은 낱말은 '직업'입니다.

06 다음 빈칸에 공통으로 들어갈 낱말로 알맞은 것은 무엇인가요? (②)

□□은 생활하기 위한 돈을 벌기 위해서만 필요한 것이 아니에요. □□을 통해 사람들은 자신의 꿈을 이루고 자신이 한 일에 대한 행복과 보람을 느껴요.

① 마음 ② 직업 ③ 성격 ④ 행동 ⑤ 생각

2단계 활용

해설
낱말의 뜻이 무엇인지 떠올리고, 그 낱말이 쓰이는 상황을 생각하며 문장을 만들어 씁니다.

07 다음 보기와 같이 주어진 낱말을 넣어 짧은 문장을 만들어 쓰세요.

보기
경찰관
그 경찰관은 끈질기게 쫓아가 범인을 잡았다.

(1) 직업
예 아버지께서는 자신의 직업에 큰 보람을 느끼며 일하신다.

(2) 예술가
예 그는 재능이 아주 뛰어난 천재적인 예술가이다.

58쪽

59쪽

공부한 날짜　월　일
정답 및 해설 15쪽

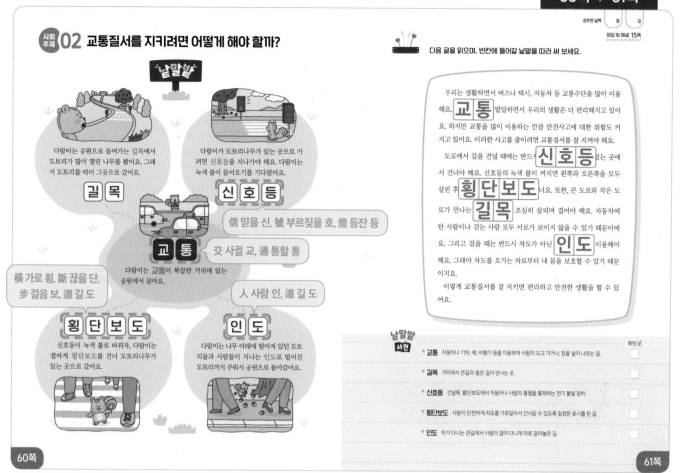

사회 주제 02 교통질서를 지키려면 어떻게 해야 할까?

낱말밭

다람이는 공원으로 들어가는 길목에서 도토리가 많이 열린 나무를 봤어요. 그래서 도토리를 따러 그곳으로 갔어요.
길 목

다람이가 도토리나무가 있는 곳으로 가려면 신호등을 지나야 해요. 다람이는 녹색 불이 들어오기를 기다렸어요.
신 호 등

信 믿을 신, 號 부르짖을 호, 燈 등잔 등

교 통
交 사귈 교, 通 통할 통

다람이는 교통이 복잡한 거리에 있는 공원에서 살아요.

橫 가로 횡, 斷 끊을 단, 步 걸음 보, 道 길 도

人 사람 인, 道 길 도

횡 단 보 도
신호등이 녹색 불로 바뀌자, 다람이는 잽싸게 횡단보도를 건너 도토리나무가 있는 곳으로 갔어요.

인 도
다람이는 나무 아래에 떨어져 있던 도토리들과 사람들이 지나는 인도로 떨어진 도토리까지 주워서 공원으로 돌아갔어요.

다음 글을 읽으며, 빈칸에 들어갈 낱말을 따라 써 보세요.

우리는 생활하면서 버스나 택시, 자동차 등 교통수단을 많이 이용해요. **교통** 발달하면서 우리의 생활은 더 편리해지고 있어요. 하지만 교통을 많이 이용하는 만큼 안전사고에 대한 위험도 커지고 있어요. 이러한 사고를 줄이려면 교통질서를 잘 지켜야 해요.

도로에서 길을 건널 때에는 반드시 **신호등** 있는 곳에서 건너야 해요. 신호등의 녹색 불이 켜지면 왼쪽과 오른쪽을 모두 살핀 후 **횡단보도** 녀요. 또한, 큰 도로와 작은 도로가 만나는 **길목** 조심히 살피며 걸어야 해요. 자동차에 탄 사람이나 걷는 사람 모두 서로가 보이지 않을 수 있기 때문이에요. 그리고 걸을 때는 반드시 차도가 아닌 **인도** 이용해야 해요. 그래야 차도를 오가는 차로부터 내 몸을 보호할 수 있기 때문이지요.

이렇게 교통질서를 잘 지키면 편리하고 안전한 생활을 할 수 있어요.

낱말밭 사전

낱말	뜻	확인
교통	자동차나 기차, 배, 비행기 등을 이용하여 사람이 오고 가거나, 짐을 실어 나르는 일.	☐
길목	거리에서 큰길과 좁은 길이 만나는 곳.	☐
신호등	건널목, 횡단보도에서 자동차나 사람의 통행을 통제하는 전기 불빛 장치.	☐
횡단보도	사람이 안전하게 차도를 가로질러 건너갈 수 있도록 일정한 표시를 한 길.	☐
인도	차가 다니는 큰길에서 사람이 걸어 다니게 따로 갈라놓은 길.	☐

60쪽 / 61쪽

사회 주제 02 낱말밭 일일학습

1단계 확인과 적용

정답 및 해설 15쪽

01 다음 낱말의 뜻으로 알맞은 것을 찾아 선으로 이으세요.

(1) 교통 — ㉠ 거리에서 큰길과 좁은 길이 만나는 곳.
(2) 길목 — ㉡ 차가 다니는 큰길에서 사람이 걸어 다니게 따로 갈라놓은 길.
(3) 인도 — ㉢ 자동차나 기차, 배, 비행기 등을 이용하여 사람이 오고 가거나, 짐을 실어 나르는 일.

02 다음 빈칸에 들어갈 알맞은 낱말을 보기에서 찾아 쓰세요.

보기
인도　교통　길목

(1) (교통) 시설의 발달로 여행이 예전보다 훨씬 편리해졌다.
(2) 큰길을 걷다가 왼쪽 (길목)에서 조금만 들어가면 우리 집이다.
(3) 오토바이는 차도로 다녀야 하고 (인도)(으)로 다녀서는 안 된다.

03 다음 중 밑줄 친 낱말을 바르게 사용하여 말한 친구의 이름을 쓰세요.

수정: 나는 어제 횡단보도를 뒤늦게 건너고 계신 할아버지를 도와드렸어.
애리: 정말 잘했네. 할아버지께서 신호등을 건너시기에 시간이 부족하셨나 보다.

(수정)

04 다음 중 밑줄 친 낱말이 바르게 사용된 것을 찾아 ○표 하세요.

① 그곳은 지하철이 다니게 되어 횡단보도가 편리해졌다. ( )
② 신호등의 빨간불이 켜지자 차들이 정지선을 지키며 멈췄다. (○)

05 다음 ㉠과 ㉡에 들어갈 알맞은 낱말을 보기에서 찾아 쓰세요.

보기
길목　횡단보도

은형이는 학교에 가기 위해 골목을 빠져나가는 ㉠ 에서 큰길로 나갔어요. 그런데 큰길에 있는 신호등이 고장 나 있었어요. 그때 경찰관 아저씨께서 오셔서 사람들이 ㉡ 을/를 잘 건널 수 있도록 도와주셨어요. 은형이는 경찰관 아저씨께 정말 감사했어요.

(1) ㉠: (길목) (2) ㉡: (횡단보도)

06 다음 밑줄 친 낱말과 같은 낱말이 들어갈 문장에 ○표 하세요.

그 지역은 산으로 가로막혀 있어 교통이 불편하다.

① _____이 고장이 나서 노란색 신호만 계속 깜빡거렸다. ( )
② 집 앞에 도로가 새로 생겨서 예전보다 _____이 훨씬 좋아졌다. (○)

2단계 활용

07 다음 문장의 빈칸에 들어갈 낱말을 보기에서 찾아 쓰고, 완성한 문장을 그대로 따라 써 보세요.

보기
신호등　인도　교통

(1) 겨울이 되면 (인도)에 눈이 쌓여 걸어 다니기 불편하다.
　✎ 겨울이 되면 인도에 눈이 쌓여 걸어 다니기 불편하다.

(2) (신호등)의 녹색 불이 켜지자 사람들이 횡단보도를 건너갔다.
　✎ 신호등의 녹색 불이 켜지자 사람들이 횡단보도를 건너갔다.

해설

...에는 이 시설 덕분에 여...이 편리해졌다고 했으...로 '교통', (2)에는 큰길... 걷다가 왼쪽으로 들어...면 우리 집이라고 했으...로 '길목', (3)에는 오토...이가 다녀서는 안 되는 ...이므로 '인도'가 들어가... 알맞습니다.

해설
'교통'은 '자동차나 기차, 배, 비행기 등을 이용하여 사람이 오고 가거나, 짐을 실어 나르는 일.'이라는 뜻입니다. 따라서 ②에서 새로 생긴 도로로 인해 좋아진 것에는 '교통'이 들어가는 것이 알맞습니다. ①에는 노란색 신호만 계속 깜빡거렸다는 내용이 나오므로 '신호등'이 들어가는 것이 알맞습니다.

62쪽 / 63쪽

정답 및 해설 **15**

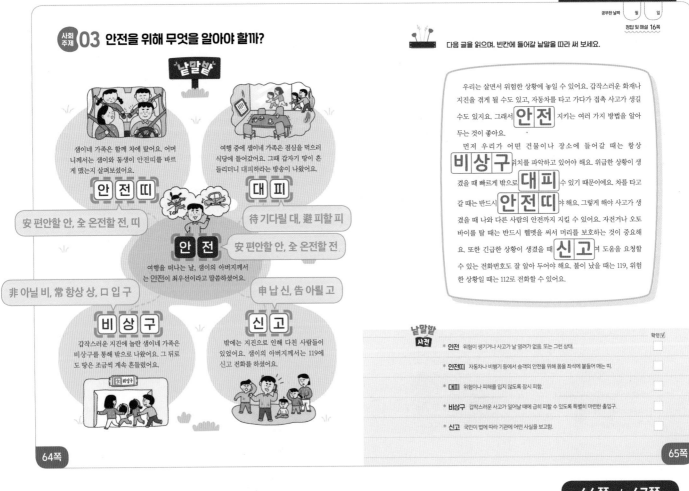

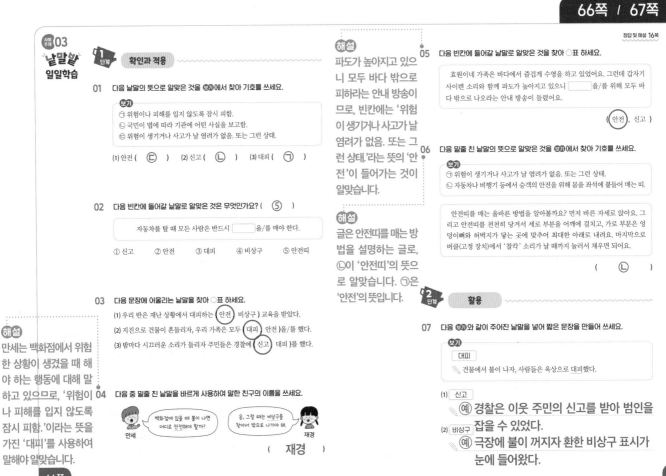

공부한 날짜 　 월 　 일
정답 및 해설 17쪽

사회 주제 04 자연재해에는 무엇이 있을까?

날말쌀

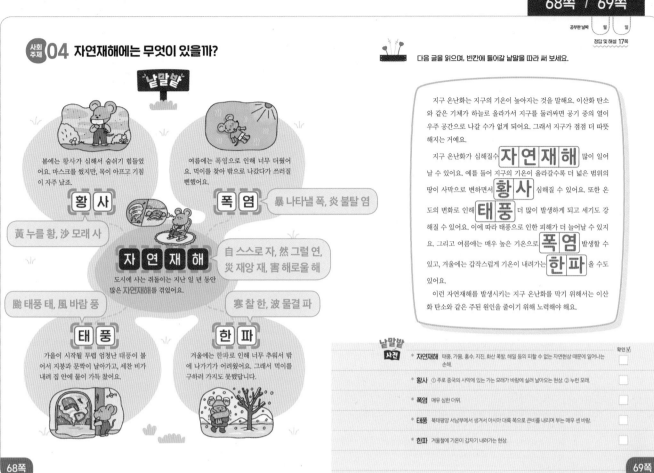

봄에는 황사가 심해서 숨쉬기 힘들었어요. 마스크를 썼지만, 목이 아프고 기침이 자주 났죠.

황사

黃 누를 황, 沙 모래 사

여름에는 폭염으로 인해 너무 더웠어요. 먹이를 찾아 밖으로 나갔다가 쓰러질 뻔했어요.

폭염 　 暴 나타낼 폭, 炎 불탈 염

자 연 재 해

自 스스로 자, 然 그럴 연, 災 재앙 재, 害 해로울 해

도시에 사는 쥐돌이는 지난 일 년 동안 많은 자연재해를 겪었어요.

颱 태풍 태, 風 바람 풍

태풍

가을이 시작될 무렵 엄청난 태풍이 불어서 지붕과 문짝이 날아가고, 세찬 비가 내려 집 안에 물이 가득 찼어요.

寒 찰 한, 波 물결 파

한파

겨울에는 한파로 인해 너무 추워서 밖에 나가기가 어려웠어요. 그래서 먹이를 구하러 가지도 못했답니다.

다음 글을 읽으며, 빈칸에 들어갈 낱말을 따라 써 보세요.

지구 온난화는 지구의 기온이 높아지는 것을 말해요. 이산화 탄소와 같은 기체가 하늘로 올라가서 지구를 둘러싸면 공기 중의 열이 우주 공간으로 나갈 수가 없게 되어요. 그래서 지구가 점점 더 따뜻해지는 거예요.

지구 온난화가 심해질수록 **자연재해**가 많이 일어날 수 있어요. 예를 들어 지구의 기온이 올라갈수록 더 넓은 범위의 땅이 사막으로 변하면서 **황사**가 심해질 수 있어요. 또한 온도의 변화로 인해 **태풍**이 더 많이 발생하게 되고 세기도 강해질 수 있어요. 이에 따라 태풍으로 인한 피해가 더 늘어날 수 있지요. 그리고 여름에는 매우 높은 기온으로 **폭염**이 발생할 수 있고, 겨울에는 갑작스럽게 기온이 내려가는 **한파**가 올 수도 있어요.

이런 자연재해를 발생시키는 지구 온난화를 막기 위해서는 이산화 탄소와 같은 주된 원인을 줄이기 위해 노력해야 해요.

날말쌀 사전

	확인 ✓
* **자연재해** 태풍, 가뭄, 홍수, 지진, 화산 폭발, 해일 등의 피할 수 없는 자연현상 때문에 일어나는 손해.	☐
* **황사** ① 주로 중국의 사막에 있는 가는 모래가 바람에 실려 날아오는 현상. ② 누런 모래.	☐
* **폭염** 매우 심한 더위.	☐
* **태풍** 북태평양 서남부에서 생겨서 아시아 대륙 쪽으로 큰비를 내리며 부는 매우 센 바람.	☐
* **한파** 겨울철에 기온이 갑자기 내려가는 현상.	☐

사회 주제 04
날말쌀 일일학습

정답 및 해설 17쪽

1단계 확인과 적용

01 다음 뜻을 가진 낱말을 보기에서 찾아 쓰세요.

보기
폭염　　　한파

(1) 매우 심한 더위. (**폭염**)

(2) 겨울철에 기온이 갑자기 내려가는 현상. (**한파**)

02 다음 빈칸에 들어갈 낱말로 알맞은 것을 찾아 선으로 이으세요.

(1) 이번 ☐ 은/는 센 바람과 함께 많은 양의 비를 뿌렸다. 　　　⊙ 한파

(2) 며칠 동안 매서운 ☐ 이/가 들이닥쳐 강물이 꽁꽁 얼었다. 　　　ⓒ 태풍

해설
(1)에는 센 바람과 함께 많은 양의 비를 뿌린다고 했으므로 '태풍', (2)에는 매서운 이것 때문에 강물이 꽁꽁 얼었다고 했으므로 '한파'가 들어가는 것이 알맞습니다.

03 다음 문장에 어울리는 낱말을 찾아 ○표 하세요.

(1) 뿌연 (황사) 한파) 때문에 목이 아프고, 눈이 가렵고 따가울 수 있다.

(2) 지진이나 태풍 등의 (폭염, 자연재해)이/가 일어날 경우를 대비해서 안전 교육을 해야 한다.

04 다음 중 밑줄 친 낱말을 바르게 사용하여 말한 친구의 이름을 쓰세요.

윤찬: 한파 때 수도가 얼어서 물이 나오지 않은 적이 있어서 겨울이 싫어.

이안: 나는 폭염으로 농사지은 벼들이 바람에 다 눌린 것이 기억나서 가을이 싫어.

해설
'폭염'은 '매우 심한 더위.'라는 뜻으로, 농사지은 벼들이 바람에 다 눌린 상황의 원인으로는 알맞지 않고, '태풍'이 알맞습니다. (**윤찬**)

---

05 다음 빈칸에 들어갈 낱말로 알맞은 것은 무엇인가요? (③)

☐ 에는 단순히 모래만 있는 것이 아니라, 자동차와 공장에서 나오는 매연과 화학 물질도 섞여 있어요. 그래서 우리의 건강에 더 나쁜 영향을 줄 수 있어요.

① 한파　② 폭염　③ 황사　④ 태풍　⑤ 자연재해

06 다음 밑줄 친 낱말과 같은 낱말이 들어갈 문장에 ○표 하세요.

우리 과수원은 작년 가을에 태풍으로 큰 피해를 입었다.

① 며칠째 이어진 ☐ 으로 너무 더워서 잠을 잘 수 없었다.
( )

② ☐ 이 지나간 자리에는 가로등이 쓰러지고 나무가 부러져 있었다.
(○)

해설
'태풍'은 큰비를 내리며 부는 센 바람을 뜻하므로, 가로등이 쓰러지고 나무가 부러졌다는 내용인 ②에 들어가는 것이 알맞습니다. ①에는 너무 더웠다는 내용으로 보아 '폭염'이 들어가는 것이 알맞습니다.

2단계 활용

07 다음 문장의 빈칸에 들어갈 낱말을 보기에서 찾아 쓰고, 완성한 문장을 그대로 따라 써 보세요.

보기
폭염　자연재해　한파　황사

(1) 여름 **폭염** 때 너무 더워서 팥빙수를 많이 먹었다.
　여름 폭염 때 너무 더워서 팥빙수를 많이 먹었다.

(2) 해마다 홍수와 태풍 같은 **자연재해**이/가 늘어나고 있다.
　해마다 홍수와 태풍 같은 자연재해가 늘어나고 있다.

01~04 낱말밭 주간학습

정답 및 해설 18쪽

해설
(1)은 형이 돈가방을 주운 사실을 경찰에게 말한 상황이므로 '신고'가 들어가야 알맞고, (2)는 일기 예보에서 우리나라를 향해 다가오고 있는 것에 대해 말하는 상황이므로 '태풍'이 들어가야 알맞습니다.

01 다음 빈칸에 들어갈 낱말로 알맞은 것을 찾아 선으로 이으세요.
(1) 형은 돈이 든 가방을 주워서 경찰에 [   ]을/를 했다. ── ㉠ 신고
(2) 뉴스에서는 우리나라를 향해 거대한 [   ]이/가 다가오고 있다는 예보가 나왔다. ── ㉡ 태풍

02 다음 첫 자음자를 보고, 빈칸에 들어갈 알맞은 낱말을 쓰세요.
(1) ㅈㅇ
✎ 삼촌의 (직업)은/는 초등학교 학생들을 가르치는 선생님이다.
(2) ㄷㅍ
✎ 지진이 발생하자 선생님과 학생들은 모두 운동장으로 (대피)을/를 했다.

03 다음 중 '예술가'를 바르게 사용하여 말한 친구의 이름을 쓰세요.

영민: 나는 뮤지컬 가수의 꿈을 이룬 한 예술가의 삶을 그린 영화를 본 적이 있어.
아람: 나는 강아지를 좋아하기 때문에 커서 예술가가 되고 싶어.

(영민)

04 다음 문장에 어울리는 낱말을 찾아 ○표 하세요.
(1) 서울은 현재 영하 20도까지 떨어지는 (황사 , 한파)가 찾아왔다.
(2) 나는 동생에게 (비상구 , 안전띠)를 바르게 매는 방법을 알려 주었다.

05 다음 밑줄 친 부분과 뜻이 비슷한 낱말은 무엇인가요? (②)
'어린이 보호 구역'이란 어린이들을 교통사고의 위험으로부터 보호하기 위해 정한 특별한 구역이에요. 이곳에는 미끄럼 방지와 과속 방지턱이 설치되어 있으며, 자동차가 주차할 수도 없어요. 그래서 어린이들이 위험한 상황이나 사고가 일어날 걱정 없이 다닐 수 있어요.
① 인도 ② 안전 ③ 길목 ④ 대피 ⑤ 교통

해설 '안전'은 '위험이 생기거나 사고가 날 염려가 없음. 또는 그런 상태.'라는 뜻을 가진 낱말이므로, 밑줄 친 부분과 뜻이 비슷한 낱말입니다.

06 다음 빈칸에 들어갈 낱말로 알맞은 것을 찾아 ○표 하세요.
아침 일찍 일어난 연지는 학교에 가기 위해 집을 나섰어요. 인도에 서서 [   ]의 녹색 불이 켜지길 기다리고 있었지요. 그때, 갑자기 '끼익' 하는 소리와 함께 차가 멈췄어요. 같은 반 친구인 서준이가 핸드폰을 보며 앞을 보지 않고 걷다가 사고가 날 뻔한 것이었어요. 연지는 길을 걸을 때는 항상 주위를 살펴야겠다고 생각했어요.
(비상구 , 신호등)

07 다음 ㉠과 ㉡에 들어갈 알맞은 낱말을 바르게 짝 지은 것은 무엇인가요? (③)
㉠은/는 강한 바람과 폭우로 인해 큰 피해를 일으킬 수 있어요. 강한 바람 때문에 건물의 간판이 날아가기도 하고, 수확을 앞둔 곡식과 과일이 떨어져 망가지기도 하지요. 그리고 강한 바람과 함께 많은 비가 내리기도 해서 사람들이 안전한 곳으로 ㉡해야 할 수도 있어요. 따라서 태풍이 올 때는 일기예보를 주의 깊게 살펴보고, 태풍이 지나는 길을 확인하여 피해가 없도록 해야 해요.
① ㉠: 대피 - ㉡: 황사 ② ㉠: 안전 - ㉡: 폭염
③ ㉠: 태풍 - ㉡: 대피 ④ ㉠: 한파 - ㉡: 자연재해
⑤ ㉠: 자연재해 - ㉡: 태풍

해설 ㉠에는 강한 바람과 폭우를 가져오는 것을 뜻하는 낱말이 들어가야 하므로 '태풍'이 알맞고, ㉡에는 사람들이 안전한 곳으로 피하는 행동을 뜻하는 낱말이 들어가야 하므로 '대피'가 알맞습니다.

[08~10] 다음 글을 읽고, 물음에 답하세요.

설이는 학원에서 수업을 받다가 갑자기 울리는 화재 경보 소리에 깜짝 놀랐어요. 선생님께서는 아래층에 불이 났다며 모두 밖으로 나가라고 하셨지요. 설이는 재빨리 친구들과 함께 밖으로 나갔어요.
교실 밖은 이미 연기로 가득 차 있어서 앞이 보이지 않았어요. 선생님께서는 ㉠비상구를 찾아 아이들을 ㉡안전하게 밖으로 내보내셨어요. 설이는 비상구로 나와 계단을 내려가다가 발을 헛디뎌 넘어졌어요. 다리가 너무 아파서 움직일 수 없었지요. 그때 소방관 아저씨께서 오셔서 설이를 업어 주셨어요.
소방관 아저씨께서는 자욱한 연기를 뚫고서 빠르게 밖으로 나가셨어요. 설이를 구급차에 내려놓으신 소방관 아저씨께서는 다시 불길 속으로 들어가셨어요.
학원에서 큰길로 나가는 ㉢길목에는 먼저 ㉣대피한 친구들이 모여 있었어요. 한 시간쯤 뒤, 소방관 아저씨들에게 불을 모두 끄셨어요. 설이는 불도 꺼 주시고 자신도 구해 주신 소방관 아저씨께 정말 고마웠어요.

해설 ㉠ '비상구'는 '갑작스러운 사고가 일어날 때에 급히 피할 수 있도록 특별히 마련한 출입구.'라는 뜻의 낱말입니다. ①은 '대피', ②는 '인도'의 뜻입니다.

08 ㉠의 뜻으로 알맞은 것을 찾아 ○표 하세요.
① 위험이나 피해를 입지 않도록 잠시 피함. (   )
② 차가 다니는 큰길에서 사람이 걸어 다니게 따로 갈라놓은 길. (   )
③ 갑작스러운 사고가 일어날 때에 급히 피할 수 있도록 특별히 마련한 출입구. (○)

09 다음 빈칸에 공통으로 들어갈 낱말을 ㉡~㉣ 중에서 찾아 기호를 쓰세요.
• 학교 주변 [   ]에는 코스모스가 가득 피어 있다.
• 우리 집은 큰길에서 유치원으로 들어오는 [   ]에 있다.
(㉢)

10 다음은 이 글의 제목입니다. 빈칸에 들어갈 알맞은 낱말은 무엇인가요? (③)
고마운 [   ] 아저씨
① 예술가 ② 경찰관 ③ 소방관 ④ 수의사 ⑤ 여행가

해설 이 글은 불이 난 건물에서 설이를 구해 주고 불을 꺼 준 소방관 아저씨에 대한 내용이므로, 제목의 빈칸에는 '소방관'이 들어가야 알맞습니다.

디지털 속 한 문장

정답 및 해설 18쪽

• 다음을 보고, 직업이라는 낱말을 넣어 ㉠에 들어갈 답글을 써 보세요.

해설 '직업'이라는 낱말을 넣어, 자신은 커서 어떤 직업을 갖고 싶은지 생각하여 답글을 써 봅니다.

2학년 > 5반 > 게시판
◇ 제목: 우리 반 친구들의 장래 희망
• 글쓴이 김윤빈 • 등록일 05월 05일 • 조회수 12
안녕, 친구들! 나는 다음 주 국어 시간에 우리 반 친구들의 장래 희망에 대해 발표하고자 해. 그래서 너희의 도움이 필요해. 각자 커서 어떤 직업을 갖고 싶은지 답글을 달아 줘. 우선, 나는 커서 연예인이 될 거야. 그래서 사람들 앞에서 나의 재능을 마음껏 펼치고 싶어.
좋아요👍
김수정 난 숲을 쓰는 일을 직업으로 하고 싶어. 작가가 되어서 사람들의 마음에 감동을 주는 글을 쓰고 싶거든.
㉠
목록 인쇄 / 답변 수정 삭제 글쓰기

✎ 예 내가 희망하는 직업은 운동선수야. 축구와 야구를 모두 좋아해서 어떤 종목의 운동선수가 될지 정하지는 못했지만, 열심히 해서 나라를 대표하는 운동선수가 되고 싶어.

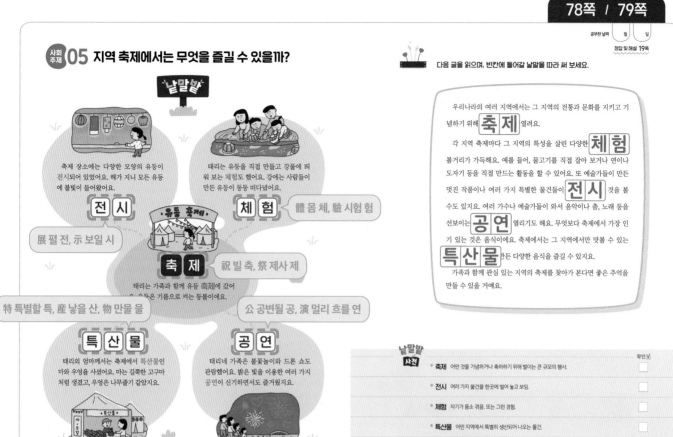

사회 주제 **05** 지역 축제에서는 무엇을 즐길 수 있을까?

공부한 날짜 월 일
정답 및 해설 19쪽

다음 글을 읽으며, 빈칸에 들어갈 낱말을 따라 써 보세요.

우리나라의 여러 지역에서는 그 지역의 전통과 문화를 지키고 기념하기 위해 **축제** 열려요.

각 지역 축제마다 그 지역의 특성을 살린 다양한 **체험** 볼거리가 가득해요. 예를 들어, 물고기를 직접 잡아 보거나 연이나 도자기 등을 직접 만드는 활동을 할 수 있어요. 또 예술가들이 만든 멋진 작품이나 여러 가지 특별한 물건들이 **전시** 것을 볼 수도 있지요. 여러 가수나 예술가들이 와서 음악이나 춤, 노래 등을 선보이는 **공연** 열리기도 해요. 무엇보다 축제에서 가장 인기 있는 것은 음식이에요. 축제에서는 그 지역에서만 맛볼 수 있는 **특산물** 만든 다양한 음식을 즐길 수 있지요.

가족과 함께 관심 있는 지역의 축제를 찾아 본다면 좋은 추억을 만들 수 있을 거예요.

낱말밭 사전

확인 ✓

* **축제** 어떤 것을 기념하거나 축하하기 위해 벌이는 큰 규모의 행사. ☐

* **전시** 여러 가지 물건을 한곳에 벌여 놓고 보임. ☐

* **체험** 자기가 몸소 겪음. 또는 그런 경험. ☐

* **특산물** 어떤 지역에서 특별히 생산되어 나오는 물건. ☐

* **공연** 음악, 무용, 연극 등을 많은 사람 앞에서 보이는 일. ☐

사회 주제 **05**
낱말밭 일일학습

정답 및 해설 19쪽

1단계 확인과 적용

01 다음 낱말의 뜻으로 알맞은 것을 찾아 선으로 이으세요.

(1) 축제
(2) 공연
(3) 체험
(4) 전시
(5) 특산물

㉠ 자기가 몸소 겪음. 또는 그런 경험.
㉡ 여러 가지 물건을 한곳에 벌여 놓고 보임.
㉢ 어떤 지역에서 특별히 생산되어 나오는 물건.
㉣ 음악, 무용, 연극 등을 많은 사람 앞에서 보이는 일.
㉤ 어떤 것을 기념하거나 축하하기 위해 벌이는 큰 규모의 행사.

해설 ㉠에는 앞뒤의 '진해', '군항제'라는 내용으로 보아 '축제', ㉡에는 앞에 '가수들의 멋진'이라는 내용으로 보아 '공연'이 들어가는 것이 알맞습니다.

02 다음 빈칸에 들어갈 낱말로 알맞은 것은 무엇인가요? (**③**)

우리 학교는 매년 봄이 되면 학생들이 미술 시간에 만든 작품들을 모두 ☐☐하여 함께 관람합니다.

① 체험 ② 공연 ③ 전시 ④ 축제 ⑤ 신고

해설 학생들이 만든 작품을 함께 관람하기 위해서는 벌여 놓고 보아야 하므로, 빈칸에는 '전시'가 들어가는 것이 알맞습니다.

03 다음 첫 자음자를 보고, 빈칸에 들어갈 알맞은 낱말을 쓰세요.

(1) ㅊ ㅈ
✎ 그는 대학교에서 열린 (**축제**)의 사회를 맡았다.

(2) ㄱ ㅇ
✎ 연극 (**공연**)이/가 끝나자 사람들이 모두 일어나 박수를 쳤다.

(3) ㅊ ㅎ
✎ 할아버지께서는 세계 여러 곳을 여행한 (**체험**)을/를 글로 쓰셨다.

04 다음 빈칸에 공통으로 들어갈 낱말로 알맞은 것을 찾아 ○표 하세요.

우리나라의 각 지역에는 ☐☐이/가 있어요. 예를 들어 가평의 잣, 횡성은 한우, 공주는 밤이 유명하지요. 사람들은 특정 지역의 이름을 들으면 그곳의 ☐☐을/를 떠올리곤 해요. 그래서 해당 지역을 방문할 때 구매하거나 그것으로 만든 음식을 즐기기도 한답니다.

(전시 , 공연 , **특산물**)

해설 지역마다 유명한 먹을거리를 소개하고 있으므로, 빈칸에는 '어떤 지역에서 특별히 생산되어 나오는 물건.'이라는 뜻의 '특산물'이 들어가는 것이 알맞습니다.

05 다음 ㉠과 ㉡에 들어갈 알맞은 낱말을 【보기】에서 찾아 쓰세요.

보기
공연 축제

지난 주말, 가족과 함께 경상남도 진해에서 열리는 벚꽃 ㉠ 인 '군항제'에 다녀왔어요. 거리에는 활짝 핀 벚꽃 나무들이 끝없이 이어져 있었어요. 우리는 벚꽃 앞에서 예쁜 사진을 많이 찍었어요. 그리고 축제를 축하하기 위해 온 가수들의 멋진 ㉡도 관람했어요.

(1) ㉠: (**축제**) (2) ㉡: (**공연**)

2단계 활용

06 다음 문장의 빈칸에 들어갈 낱말을 【보기】에서 찾아 쓰고, 완성한 문장을 그대로 따라 써 보세요.

보기
전시 체험 축제 특산물

(1) 감귤은 제주도의 대표적인 (**특산물**)이다.
✎ 감귤은 제주도의 대표적인 특산물이다.

(2) 우리는 그림이 (**전시**)되어 있는 미술관에 다녀왔다.
✎ 우리는 그림이 전시되어 있는 미술관에 다녀왔다.

사회 주제 06 세계에는 어떤 지형이 있을까?

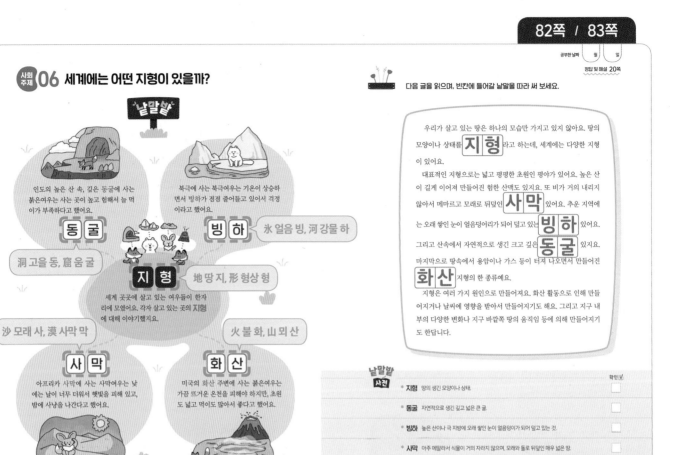

공부한 날짜   월   일
정답 및 해설 21쪽

사회주제 07 우리나라의 민속놀이에는 무엇이 있을까?

낱말셈

수현이네 반은 다른 반과 줄다리기를 했어요. 온 힘을 다해 줄을 당기자 다른 반 친구들이 힘없이 딸려 왔어요.

줄다리기

수현이는 친구들과 강강술래도 했어요. 노래를 부르며 친구와 손을 잡고 뛰니 훨씬 더 가까워진 것 같았어요.

강강술래

민속놀이   民 백성 민, 俗 풍속 속, 놀이

수현이는 학교 친구들과 민속촌에서 우리나라 전통 민속놀이를 체험했어요.

풍물놀이

오후가 되자 풍물놀이가 열렸어요. 전통 악기들로 연주하는 모습과 신나는 소리에 흥이 절로 났어요.

씨름

수현이는 짝꿍과 함께 씨름도 했어요. 짝꿍이 다리를 걸어 수현이가 넘어졌고, 수현이는 깔끔하게 패배를 인정했어요.

風 바람 풍, 物 만물 물, 놀이

다음 글을 읽으며, 빈칸에 들어갈 낱말을 따라 써 보세요.

옛날 우리 조상들이 즐겨 하던 놀이 **민속놀이** 해요. 민속놀이는 종류가 아주 다양해요. 먼저 **줄다리기** 편과 힘을 겨루는 놀이로, 두 편이 굵은 줄을 잡고 서로 당겨서 더 많이 끌어오는 편이 이기는 놀이예요. 다음으로 여러 사람이 모여서 손을 잡고 원을 만들어 함께 돌면서 전통 노래와 춤을 즐기 **강강술래** 어요. 또한, **풍물놀이** 장구, 징, 꽹과리와 같은 악기를 사용하여 화려한 리듬과 박자를 만드는 음악 놀이예요. 이 놀이는 모두가 함께 춤추며 즐길 수 있는 축제 분위기를 만들어 줘요. 마지막으로 **씨름** 두 사람이 샅바나 띠를 다리에 걸치고 서로 부둥켜 잡은 채 힘을 겨루는 놀이예요. 상대방을 먼저 넘어뜨리는 사람이 이기는 운동이지요. 이와 같은 민속놀이에는 마을 사람들이 건강하고, 농사가 잘되길 바랐던 조상들의 마음이 담겨 있답니다.

낱말밭 사전

확인 ☑

* **민속놀이** 사람들 사이에 전하여 내려오는 놀이. ☐
* **줄다리기** 여러 사람이 편을 나누어 굵은 밧줄을 마주 잡고 당겨서 승부를 겨루는 놀이. ☐
* **강강술래** 여러 사람이 함께 손을 잡고 원을 그리며 빙빙 돌면서 춤을 추고 노래를 부르는 놀이. ☐
* **풍물놀이** 북, 장구, 징, 꽹과리 등을 치면서 춤과 노래를 곁들이는 놀이. ☐
* **씨름** 두 사람이 샅바를 잡고 힘과 재주를 부리어 먼저 넘어뜨리는 것으로 승부를 겨루는 우리 고유의 운동. ☐

정답 및 해설 21쪽

사회주제 07 낱말셈 일일학습

1단계   확인과 적용

01 다음 뜻을 가진 낱말을 보기에서 찾아 쓰세요.

보기
줄다리기   풍물놀이

(1) 북, 장구, 징, 꽹과리 등을 치면서 춤과 노래를 곁들이는 놀이. **풍물놀이**

(2) 여러 사람이 편을 나누어 굵은 밧줄을 마주 잡고 당겨서 승부를 겨루는 놀이. **줄다리기**

02 다음 빈칸에 들어갈 알맞은 낱말을 찾아 ○표 하세요.

모래판의 최강자를 가리는 ☐☐☐ 대회가 부여에서 열립니다.

(풍물놀이 , 씨름 ◯)

03 다음 중 '민속놀이'를 바르게 사용하여 말한 친구의 이름을 쓰세요.

 설이: 송편은 추석에 먹는 우리의 민속놀이이지.

 산이: 명절이 되면 곳곳에서 민속놀이가 열리는 것을 볼 수 있어.

(산이)

04 다음 빈칸에 들어갈 낱말로 알맞은 것을 찾아 선으로 이으세요.

(1) 할아버지께서는 ☐☐☐에서 주로 꽹과리를 맡아 연주하신다.   ⊙ 씨름

(2) 밤이 되자 동네 사람들은 서로의 손을 잡고 둥글게 서서 ☐☐☐☐을/를 시작했다.   ⓒ 풍물놀이

(3) 한 선수가 명절에 열린 ☐☐ 대회에서 다리 걸기로 상대편을 쓰러뜨렸다.   ⓒ 강강술래

해설
마을 사람들이 서로 손을 잡고 원을 그리며 돌면서 노래를 불렀다는 내용으로 보아 '강강술래'가 들어가는 것이 알맞습니다.

해설
'민속놀이'는 '사람들 사이에 전하여 내려오는 놀이.'라는 뜻입니다. 설이가 말한 '송편'은 추석 때 먹는 명절 음식입니다. 따라서 설이의 말 중 '민속놀이'는 '전통 음식'으로 바꾸어야 알맞습니다.

---

05 다음 밑줄 친 낱말과 같은 낱말이 들어갈 문장에 ○표 하세요.

운동회에서 열린 줄다리기 경기에서 우리 반이 1반을 이기자, 모두 기뻐했다.

① ☐☐☐는 같은 편인 여러 사람이 힘을 합쳐야 이길 수 있다. (◯)

② ☐☐☐는 두 사람이 겨루는 경기로, 상대를 먼저 넘어뜨리는 사람이 이길 수 있다. ( )

06 다음 빈칸에 들어갈 낱말로 알맞은 것을 찾아 ○표 하세요.

지아는 정월 대보름에 시골 할아버지 댁에 놀러 갔어요. 해가 저물자, 마을 사람들은 모두 한자리에 모였어요. 마을 사람들은 징과 꽹과리 등을 꺼내 풍물놀이를 시작했지요. 지아도 음악 소리에 흥이 나서 어깨를 들썩거렸어요. 달이 높게 떠오르자, 사람들은 서로 손을 잡고 노래를 부르면서 ☐☐☐를 했어요. 지아도 원을 그리며 돌면서 보름달에 소원을 빌었어요.

(씨름 , 강강술래 ◯)

해설
'줄다리기'는 '여러 사람이 편을 나누어 굵은 밧줄을 마주 잡고 당겨서 승부를 겨루는 놀이.'를 뜻합니다. 따라서 편을 나누어 힘을 합치는 내용인 ①에 들어가는 것이 알맞습니다. ②에는 두 사람이 겨루며, 먼저 넘어뜨리는 사람이 이긴다는 내용으로 보아 '씨름'이 들어가는 것이 알맞습니다.

2단계   활용

07 다음 보기와 같이 주어진 낱말을 넣어 짧은 문장을 만들어 쓰세요.

보기
줄다리기
✎ 명절에 줄다리기를 할 때 쓸 밧줄을 만드느라 마을 사람들이 바빴다.

(1) 민속놀이
✎ 예 설날에는 윷놀이 같은 민속놀이를 한다.

(2) 풍물놀이
✎ 예 마을 축제에서 흥겨운 풍물놀이 공연을 관람했다.

정답 및 해설 **21**

정답 및 해설 22쪽

사회 주제 08 우리나라의 전통문화에는 무엇이 있을까?

부모님께서는 불고기와 김치, 잡채 등 전통 음식으로 점심을 차려 주셨어요. 제시는 너무 맛있게 잘 먹었어요.

김치

서연이는 제시에게 우리나라 전통 옷인 한복을 입혀 주었어요. 제시는 옷이 너무 우아하고 예쁘다며 좋아했어요.

한 복   韓 나라 한, 服 입을 복

전 통 문 화   傳 전할 전, 統 거느릴 통, 文 글월 문, 化 될 화

서연이는 미국에서 온 제시에게 전통문화를 알려 주고 싶어서 집에 초대했어요.

韓 나라 한, 屋 집 옥

한 옥

서연이네 가족은 제시와 함께 우리나라 전통의 집인 한옥이 있는 마을로 갔어요. 제시는 한옥을 보며 신기해했어요.

기 와

제시는 한옥의 기와가 인상적이라고 했어요. 모양도 아름답고 비를 잘 막아 주는 기능이 놀랍다고 했어요.

90쪽

다음 글을 읽으며, 빈칸에 들어갈 낱말을 따라 써 보세요.

우리나라에는 오랜 시간 동안 전해 내려오는 **전통문화**가 있어요. 전통문화에는 우리의 고유한 가치가 담겨 있지요. 음식이나 옷 그리고 집에서도 우리 전통문화를 찾을 수 있어요.

예를 들어, 음식 중에는 **김치**가 있어요. 김치는 절인 배추나 무에 양념을 묻혀 발효시킨 음식으로, 영양소가 풍부하게 들어 있지요. 또한 전통 옷인 **한복**이 있어요. 우리 조상들이 입던 고유의 옷으로, 아름다운 색깔과 선 그리고 편안한 착용감이 특징이에요. 마지막으로 우리 조상들이 지어 살았던 **한옥**이 세계에서 가장 과학적인 집으로 알려져 있어요. 앞뒤가 뚫려 있어서 여름에는 시원하게 지낼 수 있는 마루가 있고, 눈과 비를 막아 주며 아름다운 곡선으로 지붕을 덮고 있는 **기와**가 있지요.

우리는 앞으로도 이러한 우리나라의 소중한 전통문화를 계속 잊지 않고 전해 가야 해요.

낱말밭 사전

확인 ☑

* **전통문화** 그 나라에서 발생하여 전해 내려오는 그 나라 고유의 문화. ☐

* **김치** 소금에 절인 배추나 무 등을 고춧가루, 파, 마늘 등의 양념에 버무린 뒤 발효를 시킨 음식. ☐

* **한복** 한국 사람이 입는 전통적인 옷. ☐

* **한옥** 우리나라 고유의 형식으로 지은 집. ☐

* **기와** 흙이나 시멘트 등을 일정한 모양으로 굽거나 굳혀서 지붕을 덮는 데 쓰는 물건. ☐

91쪽

사회 주제 08 낱말밭 일일학습

정답 및 해설 22쪽

1단계 확인과 적용

01 다음 낱말의 뜻으로 알맞은 것을 찾아 선으로 이으세요.

(1) 한옥 ──── ㉠ 한국 사람이 입는 전통적인 옷.

(2) 한복 ──── ㉡ 우리나라 고유의 형식으로 지은 집.

(3) 전통문화 ──── ㉢ 그 나라에서 발생하여 전해 내려오는 그 나라 고유의 문화.

02 다음 빈칸에 들어갈 알맞은 낱말을 보기에서 찾아 쓰세요.

보기
한옥   기와   한복

(1) (한옥)은/는 나무로 기둥을 세우고 흙으로 벽을 만든다.
(2) 나와 동생은 명절에 (한복)을/를 입고 부모님과 함께 할머니 대에 갔다.
(3) 아버지께서는 할아버지 댁의 지붕에서 낡은 기와를 버리고 새 (기와)을/를 덮으셨다.

해설
②의 '기와'는 '흙이나 시멘트 등을 일정한 모양으로 굽거나 굳혀서 지붕을 덮는 데 쓰는 물건.'을 뜻하므로 바르게 사용되었습니다. ①은 할머니께서 오랫동안 사시던 곳이라는 내용으로 보아, '전통문화' 대신 '한옥'으로 바꾸는 것이 알맞습니다.

03 다음 대화의 빈칸에 들어갈 알맞은 낱말에 ○표 하세요.

예지야, 너는 외국 사람들에게 우리의 (   ) 중 어떤 것을 소개하고 싶니?

응, 나는 음식을 소개하고 싶은데, 특히 김치에 대해 알려 주고 싶어.

(한옥 , 전통문화 ○)

04 다음 중 밑줄 친 낱말이 바르게 사용된 것을 찾아 ○표 하세요.

① 할머니께서 오랫동안 사시던 전통문화에는 할머니의 손길이 남아 있다.
(   )
② 푸른 산을 마주하고 있는 작은 집의 지붕에는 붉은색의 기와가 얹혀 있었다.
(○)

---

05 다음 빈칸에 들어갈 낱말로 알맞은 것을 찾아 ○표 하세요.

해설
글에서 설명하는 것은 여자와 남자가 입는 옛날 옷이므로 '한복'이 들어가는 것이 알맞습니다.

[   ]은 남자와 여자의 차림이 달라요. 여자는 저고리와 치마를 입는데, 저고리는 짧고 치마는 길고 풍성해요. 반면, 남자는 저고리와 바지를 입으며, 저고리는 길고 품이 넉넉한 편이에요.

(한옥 , 한복 ○)

06 다음 빈칸에 공통으로 들어갈 낱말로 알맞은 것은 무엇인가요? (①)

해설
글에서는 재료에 따른 김치의 종류에 대해 설명하고 있으므로, 빈칸에는 모두 '김치'가 들어가는 것이 알맞습니다.

[   ]은/는 재료에 따라 종류가 달라져요. 배추를 소금에 절인 후 양념을 넣어 버무려 만드는 배추[   ]가 있고, 무를 작은 네모 모양으로 썰어서 양념에 버무려 만드는 깍두기도 있어요. 그리고 오이를 주재료로 하여 양념을 버무려 만드는 오이[   ]도 있답니다.

① 김치   ② 한복   ③ 한옥   ④ 기와   ⑤ 특산물

2단계 활용

07 다음 보기와 같이 주어진 낱말을 넣어 짧은 문장을 만들어 쓰세요.

보기
전통문화
🖋 학교에서 우리나라 전통문화를 체험할 수 있는 시간을 마련했다.

(1) 한옥
🖋 (예) 아버지께서는 어린 시절에 앞마당이 있는 한옥에서 살았다고 하셨다.

(2) 기와
🖋 (예) 우리 마을에는 지붕에 빨간 기와를 얹은 집이 많다.

93쪽

공부한 날짜   월   일

05~08 낱말밭 주간학습

정답 및 해설 23쪽

해설
물이 없고 뜨거운 곳이라는 내용으로 보아, '사막'이 들어가는 것이 알맞습니다.

01 다음 빈칸에 들어갈 낱말로 알맞은 것은 무엇인가요? (②)

선인장은 물이 없고 뜨거운 ___ 에서도 잘 자란다.

① 축제   ② 사막   ③ 빙하   ④ 한복   ⑤ 동굴

02 다음 중 밑줄 친 낱말을 바르게 사용하여 말한 친구의 이름을 쓰세요.

소율: 우리나라는 명절에 조상들께 차례를 지내는 전통문화가 있어.

윤호: 기와는 예로부터 우리 조상들이 짓고 살아온 집을 뜻해.

(소율)

03 다음 빈칸에 들어갈 알맞은 낱말을 @에서 찾아 쓰세요.

보기
축제   김치   특산물

(1) 우리 엄마가 담그신 (김치)은/는 매콤하지만 맛있다.
(2) 제주도에는 귤, 한라봉, 흑돼지 등 다양한 (특산물)이/가 있다.
(3) 장미 (축제)이/가 열린 공원에는 수백 종이 넘는 장미가 전시되어 있었다.

해설
①은 지붕에 얹혀 있다는 내용으로 보아, '지형' 대신 '기와'가 들어가는 것이 알맞습니다. ②의 '화산'은 '깊은 땅속에 있는 가스와 용암이 땅을 뚫고 터져 나오는 것. 또는 그렇게 해서 생긴 산.'이라는 뜻이므로 상황에 알맞게 사용되었습니다.

04 다음 중 밑줄 친 낱말이 바르게 사용된 것을 찾아 ○표 하세요.
① 할머니 댁의 지붕에 올려진 지 오래된 지형을 새로 바꿨다. (   )
② 갑자기 화산이 폭발하여 주변에 있던 많은 사람이 대피해야 했다. (○)

해설
'전시'는 '여러 가지 물건을 한곳에 벌여 놓고 보임.'이라는 뜻이므로, 동굴의 위치를 설명하는 데 알맞은 낱말이 아닙니다.

05 다음 ㉠~㉣ 중 문장에서 잘못 쓰인 낱말을 찾아 기호를 쓰세요.

무더운 날씨, 어디론가 떠나고 싶지 않으신가요? 더위가 전혀 느껴지지 않는 깊은 ㉠동굴로 ㉡체험을 떠나 보세요! 충청북도 단양군 단양읍에 ㉢전시한 '고수동굴'을 추천합니다. 이 동굴은 천연기념물로 지정된 곳으로, 시원할 뿐만 아니라 다양한 바위가 멋지게 늘어서 있어서 지하 궁전이라고 불리기도 합니다. 동굴을 체험한 후에는 단양의 ㉣특산물인 마늘로 만든 맛있는 음식들도 즐길 수 있답니다.

(㉢)

06 다음 빈칸에 공통으로 들어갈 낱말로 알맞은 것은 무엇인가요? (⑤)

산아: 삼촌, 어제 민속촌에서 ___ 을/를 봤어요. 그런데 사물놀이와는 어떤 점이 다른 거예요?
삼촌: 응, 사물놀이는 징, 꽹과리, 북, 장구 이렇게 네 가지의 악기만 사용하고, ___ 은/는 태평소나 소고 같은 악기도 사용한단다. 그리고 사물놀이는 실내에서 주로 연주하지만, ___ 은/는 주로 밖에서 연주한단다.
산아: 그렇구나! 둘 다 흥이 나고 신이 난다는 것은 같네요.

① 공연   ② 특산물   ③ 줄다리기   ④ 강강술래   ⑤ 풍물놀이

해설
북, 장구, 징, 꽹과리 등을 비롯하여 여러 악기를 사용하고 흥이 나게 연주한다는 내용으로 보아 '풍물놀이'가 들어가는 것이 알맞습니다.

07 다음 글에서 설명하는 내용은 무엇인지, 빈칸에 들어갈 낱말을 글에서 찾아 두 글자로 쓰세요.

우리나라 전통 집인 한옥은 지붕에 기와를 얹거나 볏짚을 덮어서 만들어졌어요. 그중 기와는 보통 찰흙으로 만들어 검은색을 띠지만, 일부 신분이 높은 양반들은 푸른색 기와를 사용하기도 했어요. 기와를 만들 때는 먼저 흙을 반죽해서 모양을 만들어요. 그리고 불을 피운 가마에 구워서 단단하게 만들지요.

→ 한옥의 지붕에 얹은 (기와)

94쪽   95쪽

[08~10] 다음 글을 읽고, 물음에 답하세요.

여러분은 강강술래를 해 본 적이 있나요? '강강술래'는 예로부터 전해 내려오는 우리나라의 민속놀이예요. 주로 ㉠___ 을/를 입은 여자들이 손을 잡고, 노래를 부르며 둥글게 춤을 추는 형태의 놀이랍니다.
우리 조상들은 왜 강강술래라는 놀이를 하게 되었을까요? 강강술래가 언제 어떻게 시작되었는지는 정확히 알 수 없어요. 하지만 몇 가지 전해져 오는 유래가 있어요.
첫 번째로, 일 년 동안 지은 농사의 수확을 축하하는 ㉡___ 을/를 열어 추었던 춤에서 강강술래가 시작되었다는 설이 있어요. 농민들이 수확이 잘되기를 바라는 마음을 담아 다 같이 원을 그리며 춤을 추었던 것이죠.
두 번째로, 강강술래가 조선 시대 임진왜란 때 이순신 장군에 의해 만들어졌다는 설도 있어요. 당시 이순신 장군은 우리나라를 침략한 일본군에게 우리의 군사가 많아 보이게 하려고 여자들에게 남자 옷을 입혀 산 주위를 빙빙 돌게 했다는 데서 강강술래가 전해졌다는 이야기예요.
이처럼 다양한 유래가 전해지는 강강술래는 오늘날까지 많은 사람들에게 사랑받으며 우리의 소중한 전통 민속놀이로 남아 있답니다.

08 다음 중 ㉠과 ㉡에 들어갈 낱말을 바르게 짝 지은 것은 무엇인가요? (⑤)

① ㉠: 한복 - ㉡: 한옥   ② ㉠: 한옥 - ㉡: 기와   ③ ㉠: 기와 - ㉡: 축제
④ ㉠: 한복 - ㉡: 지형   ⑤ ㉠: 한복 - ㉡: 축제

09 다음 뜻을 가진 낱말을 이 글에서 찾아 네 글자로 쓰세요.

사람들 사이에 전하여 내려오는 놀이.

(민속놀이)

해설
'사람들 사이에 전하여 내려오는 놀이.'는 '민속놀이'입니다. 이 글에서는 두 번째 줄과 마지막 줄에 나옵니다.

10 다음은 이 글의 중심 내용입니다. 빈칸에 들어갈 알맞은 낱말은 무엇인가요? (⑤)

___ 은/는 예로부터 전해 내려오는 우리나라의 민속놀이로, 다양한 유래가 전해지는 우리의 소중한 전통문화이다.

① 씨름   ② 축제   ③ 풍물놀이   ④ 줄다리기   ⑤ 강강술래

🐾 디지털 속 한 문장

정답 및 해설 23쪽

다음을 보고, 민속놀이라는 낱말을 넣어 자신의 경험을 글로 써 보세요.

해설
'민속놀이'라는 낱말을 넣어서 민속놀이를 해 본 경험이나, 해 보고 싶은 민속놀이를 떠올려 글을 써 봅니다.

#민속놀이 #재밌다 #윷놀이
명절에 가족들과 모여서 우리나라 전통 민속놀이인 윷놀이를 했다. 두 명씩 짝을 지어서 윷놀이를 했는데, 내가 윷이 세 번이나 연달아 나와서 우리 편이 이겼다. 너무 신나고 재밌었다.

✎ (예) #민속촌 #제기차기
민속촌에서 아빠와 함께 민속놀이 중의 하나인 제기차기를 했다. 처음엔 어려웠지만 제기를 땅에 떨어뜨리지 않고 열 번이나 차서 기분이 좋았다.

96쪽   97쪽

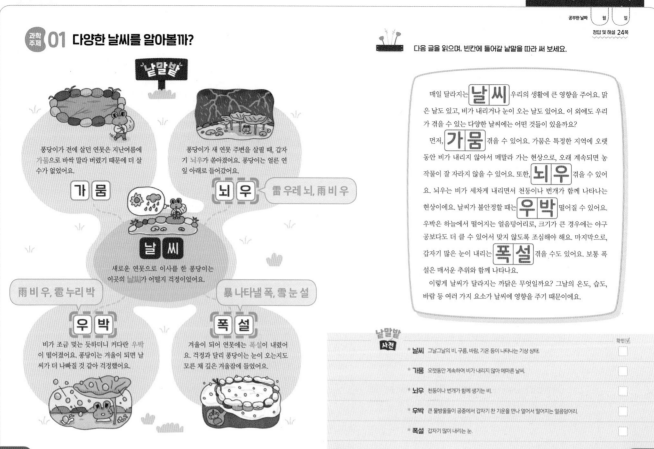

102쪽 / 103쪽

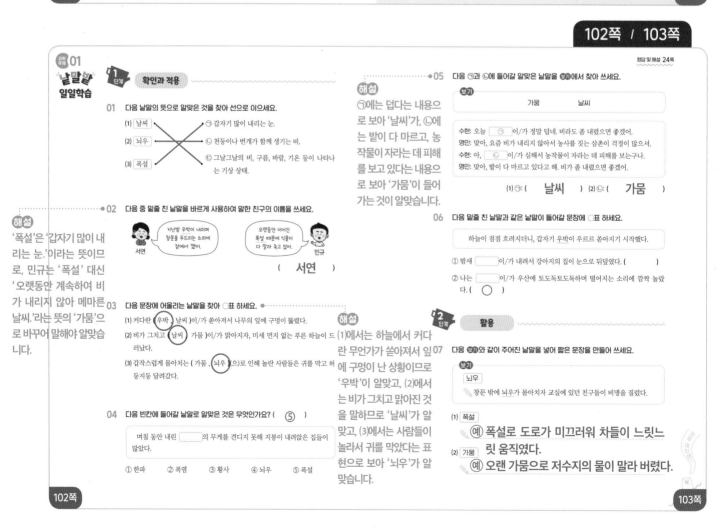

과학주제 02 일기 예보는 어떻게 만들어질까?

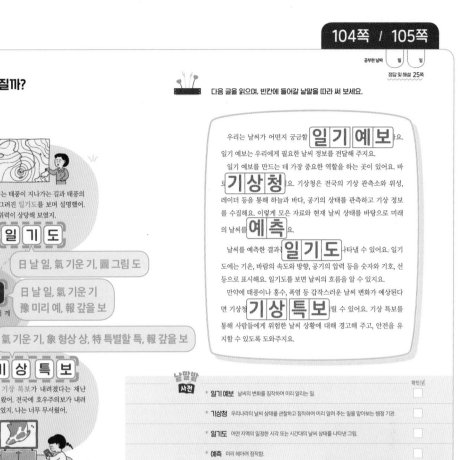

공부한 날짜   월   일

정답 및 해설 25쪽

다음 글을 읽으며, 빈칸에 들어갈 낱말을 따라 써 보세요.

우리는 날씨가 어떤지 궁금할 **일 기 예 보**. 일기 예보는 우리에게 필요한 날씨 정보를 전달해 주지요.

일기 예보를 만드는 데 가장 중요한 역할을 하는 곳이 있어요. 바로 **기 상 청**요. 기상청은 전국의 기상 관측소와 위성, 레이더 등을 통해 하늘과 바다, 공기의 상태를 관측하고 기상 정보를 수집해요. 이렇게 모은 자료와 현재 날씨 상태를 바탕으로 미래의 날씨를 **예 측**요.

날씨를 예측한 결과 **일 기 도**나타낼 수 있어요. 일기도에는 기온, 바람의 속도와 방향, 공기의 압력 등을 숫자와 기호, 선 등으로 표시해요. 일기도를 보면 날씨의 흐름을 알 수 있지요.

만약에 태풍이나 홍수, 폭염 등 갑작스러운 날씨 변화가 예상된다면 기상청 **기 상 특 보**릴 수 있어요. 기상 특보를 통해 사람들에게 위험한 날씨 상황에 대해 경고해 주고, 안전을 유지할 수 있도록 도와주지요.

낱말밭 사전

* **일기 예보** 날씨의 변화를 짐작하여 미리 알리는 일.
* **기상청** 우리나라의 날씨 상태를 관측하고 짐작하여 미리 알려 주는 일을 맡아보는 행정 기관.
* **일기도** 어떤 지역의 일정한 시각 또는 시간대의 날씨 상태를 나타낸 그림.
* **예측** 미리 헤아려 짐작함.
* **기상 특보** 날씨에 갑작스러운 변화나 이상 현상이 생겼을 때, 매체를 통해 일반 사람들에게 특별히 알리는 소식.

과학주제 02 낱말밭 일일학습

정답 및 해설 25쪽

1단계 확인과 적용

01 다음 낱말의 뜻으로 알맞은 것을 보기에서 찾아 기호를 쓰세요.

보기
㉠ 날씨의 변화를 짐작하여 미리 알리는 일.
㉡ 어떤 지역의 일정한 시각 또는 시간대의 날씨 상태를 나타낸 그림.
㉢ 우리나라의 날씨 상태를 관찰하고 짐작하여 미리 알려 주는 일을 맡아보는 행정 기관.

(1) 기상청 (㉢) (2) 일기도 (㉡) (3) 일기 예보 (㉠)

02 다음 빈칸에 들어갈 낱말로 알맞은 것을 찾아 선으로 이으세요.

(1) 며칠 동안 계속 강한 비가 오자 [   ]이/가 내려졌다.

(2) 지진이 언제 일어날지 [   ]하기 어려우므로 항상 대비하고 있어야 한다.

(3) [   ]을/를 보면 북쪽에서 우리나라 쪽으로 찬바람이 불고 있다는 것을 알 수 있다.

㉠ 예측
㉡ 일기도
㉢ 기상 특보

03 다음 첫 자음자를 보고, 빈칸에 들어갈 알맞은 낱말을 쓰세요.

(1) ㅇ ㅊ
🖉 내 동생은 정말 독특해서 항상 어떤 행동을 할지 (예측)할 수가 없다.

(2) ㄱ ㅅ ㅊ
🖉 (기상청)은/는 올해 우리나라에 엄청난 추위가 올 것이라고 예보했다.

04 다음 빈칸에 들어갈 낱말로 알맞은 것을 찾아 ○표 하세요.

늦잠을 잔 자원이는 깨워 주지 않은 엄마를 탓하며 짜증을 냈어요. 엄마께서는 [   ]을/를 보니 오후에 비가 올 것 같다며 우산을 챙겨 주셨어요. 자원이는 날씨가 맑은데 무슨 우산이냐며 툴툴댔지만, 우산을 들고 나갔어요. 그런데 오후에 정말로 비가 내렸어요. 자원이는 내리는 비를 보며 엄마께 미안하고 고마운 마음이 들었어요.

(예측 , 일기 예보)

05 다음 빈칸에 들어갈 낱말로 알맞은 것은 무엇인가요? (⑤)

오늘도 어제와 마찬가지로 무더위가 계속될 것이라는 [   ]이/가 내려집니다. 오늘의 최저 기온은 25도, 한낮의 최고 기온은 36도에 이를 것으로 예상됩니다. 한낮에 바깥 활동은 최대한 자제하시고, 외출 시에는 모자와 양산을 챙기시기 바랍니다.

① 뇌우 ② 폭설 ③ 가뭄 ④ 일기도 ⑤ 기상 특보

2단계 활용

06 다음 문장의 빈칸에 들어갈 낱말을 보기에서 찾아 쓰고, 완성한 문장을 그대로 따라 써 보세요.

보기
예측   일기도   기상 특보   일기 예보

(1) (일기도)은/는 기호나 숫자로 날씨를 표시한 그림이다.
🖉 일기도는 기호나 숫자로 날씨를 표시한 그림이다.

(2) 모두 이 경기에서 우리 팀이 승리할 것으로 (예측)하였다.
🖉 모두 이 경기에서 우리 팀이 승리할 것으로 예측하였다.

해설
무더위가 계속될 것이라는 소식이 내려진 것이므로 빈칸에는 날씨에 이상 현상이 생겼을 때 특별히 알리는 소식이라는 뜻으로 '기상 특보'가 들어가는 것이 알맞습니다.

해설
(1)은 동생의 행동을 미리 짐작할 수 없다는 내용이므로 '예측'이 들어가는 것이 알맞고, (2)는 올해 날씨에 대해 알려 주는 곳을 말하므로 '기상청'이 들어가는 것이 알맞습니다.

과학 주제 03 곤충의 몸을 살펴볼까?

낱말밭

잠자리는 자기 머리의 절반 이상을 차지하는 큰 눈으로 호랑나비가 쉴 수 있는 좋은 장소를 찾아 주었어요.

머리

사마귀는 머리 위의 더듬이를 흔들어 호랑나비가 먹을 수 있는 꿀을 찾기 위해 꽃밭을 돌아다녔어요.

더듬이

곤충 坤 말 곤, 蟲 벌레 충

몸이 아픈 호랑나비를 도와주기 위해 곤충들이 모두 모였어요.

가슴

개미들은 가슴에 달린 여섯 개의 다리로 부지런히 움직이며 호랑나비에게 이불이 되어 줄 나뭇잎을 구했어요.

배

꿀벌들은 호랑나비에게 주기 위해 배 안에 있는 꿀주머니에서 저장해 두었던 꿀을 꺼내어 모았어요.

공부한 날짜 월 일
정답 및 해설 26쪽

다음 글을 읽으며, 빈칸에 들어갈 낱말을 따라 써 보세요.

곤충 지구에서 가장 다양한 종을 가진 생물이에요. 약 100만 종 이상이 있다고 알려졌어요. 우리가 흔히 볼 수 있는 곤충에는 모기, 개미, 잠자리 등이 있지요.
　곤충의 몸은 크게 세 부분으로 나눌 수 있어요. 첫 번째 부분은 **머리** 요. 머리에는 눈과 입 그리고 한 쌍의 **더듬이** 등이 달려 있어요. 더듬이는 주변 환경을 살피거나, 냄새를 맡거나, 적이 있는지 알아내는 등의 여러 가지 역할을 해요. 두 번째 부분은 **가슴** 인데, 머리와 배 사이의 부분을 말해요. 가슴에는 보통 여섯 개의 다리가 달려 있거나, 한 쌍의 날개가 달려 있어요. 세 번째 부분은 **배** 예요. 배는 음식을 먹고 소화하는 기능이나 번식을 위한 생식 기능, 숨구멍을 통해 호흡하는 기능 등 여러 가지 중요한 역할을 해요.
　곤충에 따라 몸의 모양이나 구조가 달라요. 이러한 몸의 구조는 곤충이 다양한 환경에 적응하고 살아가는 데 도움을 준답니다.

낱말밭 사전

	확인 ✓
* **곤충** 머리, 가슴, 배의 세 부분으로 되어 있고, 마디가 많으며 세 쌍의 다리를 가진 작은 동물.	☐
* **머리** ① 사람이나 동물의 목의 위의 부분. ② 곤충에서 눈과 입, 더듬이 등이 있는 부분.	☐
* **더듬이** 곤충의 머리에 달려 있어 무엇을 더듬어 알아보는 길고 뾰족한 기관.	☐
* **가슴** ① 사람이나 동물의 목과 배 사이에 있는 몸의 앞부분. ② 곤충에서 머리와 배 사이에 있고, 날개와 다리가 있는 부분.	☐
* **배** ① 사람이나 동물의 가슴과 엉덩이 사이에 있는 몸의 앞부분. ② 곤충에서 여러 마디로 되어 있으며 숨구멍, 항문 등이 있는 부분.	☐

과학 주제 03

낱말밭 일일학습

1단계　확인과 적용

정답 및 해설 26쪽

01 다음 뜻을 가진 낱말을 보기 에서 찾아 쓰세요.

　보기
　　가슴　　곤충　　더듬이

(1) 곤충에서 머리와 배 사이에 있고, 날개와 다리가 있는 부분. (**가슴**)

(2) 곤충의 머리에 달려 있어 무엇을 더듬어 알아보는 길고 뾰족한 기관.
　(**더듬이**)

(3) 머리, 가슴, 배의 세 부분으로 되어 있고, 마디가 많으며 세 쌍의 다리를 가진 작은 동물. (**곤충**)

> **해설**
> 추워하는 나를 아빠가 품어 주었다는 내용이므로 빈칸에는 '목과 배 사이에 있는 몸의 앞부분.'이라는 뜻의 '가슴'이라는 낱말이 들어가야 알맞습니다.

02 다음 빈칸에 들어갈 낱말로 알맞은 것은 무엇인가요? (③)

　아빠께서는 추워서 떨고 있는 나를 　　에 품어 따뜻하게 해 주셨다.

① 머리　② 날개　③ 가슴　④ 다리　⑤ 더듬이

> **해설**
> (1)은 인사할 때 숙이는 몸의 부위이므로 '머리', (2)는 중요한 장기들이 들어 있는 '배', (3)은 물벼룩, 물방개, 물맴이 등을 말하므로 '곤충', (4)는 귀뚜라미가 주변을 살피기 위해 세운 부위이므로 '더듬이'가 들어가는 것이 알맞습니다.

03 다음 빈칸에 들어갈 알맞은 낱말을 보기 에서 찾아 쓰세요.

　보기
　　배　　머리　　곤충　　더듬이

(1) 우리는 (**머리**)을/를 숙여 공손하게 선생님께 인사를 했다.

(2) 우리 몸의 (**배**)에는 위장, 창자 등의 중요한 장기들이 있다.

(3) 물벼룩, 물방개, 물맴이 등은 물속에서 볼 수 있는 (**곤충**)이다.

(4) 귀뚜라미는 두 (**더듬이**)을/를 세워서 한참 동안 주위를 살피더니 먹이를 가져갔다.

> **해설**
> 글에서는 '사람이나 동물의 가슴과 엉덩이 사이에 있는 몸의 앞부분.'을 뜻하는 '배', '사람이나 짐 등을 물 위로 떠다니도록 나무나 쇠 등으로 만든 물건.'을 뜻하는 '배', '배나무의 열매.'를 뜻하는 '배'와 같이 여러 가지 뜻을 가진 동형이의어 '배'에 대해 설명하고 있습니다.

04 다음 빈칸에 공통으로 들어갈 낱말로 알맞은 것은 무엇인가요? (①)

　'　　'은/는 사람이나 동물의 몸에서 가슴과 엉덩이 사이에 있는 부분을 뜻해요. 그런데 사람이나 물건을 싣고 강이나 바다를 지날 수 있는 탈 것도 '　　'라고 하지요. 또 맛있는 과일 중에도 '　　'이/가 있어요. 이렇게 글자의 모양과 소리는 같지만 다른 뜻으로 쓰이는 낱말들이 있답니다.

① 배　② 가슴　③ 곤충　④ 머리　⑤ 더듬이

05 다음 빈칸에 공통으로 들어갈 낱말로 알맞은 것을 찾아 ○표 하세요.

　수정: 애리야, 너는 어떤 　　을/를 좋아해?
　애리: 나는 거미가 좋아. 내가 싫어하는 파리나 모기를 잡아 주기 때문이야.
　수정: 거미는 　　이/가 아니야. 곤충은 다리가 6개이어야 하는데, 거미는 다리가 8개잖아.
　애리: 정말이야? 우아, 역시 수정이 너는 　　 박사구나.

(**곤충**), 동물 , 더듬이)

2단계　활용

06 다음 보기 와 같이 주어진 낱말을 넣어 짧은 문장을 만들어 쓰세요.

　보기
　　머리
　✎ 사람의 몸은 크게 머리, 몸통, 팔, 다리로 나뉜다.

(1) 더듬이
　✎ 예 **어떤 곤충의 더듬이는 냄새를 맡는 기능이 있다.**

(2) 곤충
　✎ 예 **곤충을 좋아하는 형은 사슴벌레를 키우고 있다.**

과학 주제 04 동식물은 겨울나기를 어떻게 할까?

꼬물이는 겨울잠을 자야 하므로 먹이를 많이 먹어 두어야 해요. 딱정벌레를 발견하고 얼른 잡아먹었어요.

겨 울 잠

꼬물이는 먹이를 찾기 위해 땅을 팠지만, 알뿌리로 겨울을 준비하는 감자의 줄기만 발견하고 아쉬워했어요.

알 뿌 리

겨 울 나 기

꼬물이는 겨울이 다가오자 겨울나기를 위해 먹이를 찾기로 했어요.

겨 울 눈

꼬물이는 먹이를 찾다가 참나무를 보았어요. 참나무의 가지에는 봄에 필 싹을 감싼 겨울눈이 달려 있었지요.

털 갈 이

꼬물이는 먹이를 찾던 중 여우의 털을 발견했어요. 겨울털로 털갈이하는 여우가 나타날까 봐 황급히 숨었어요.

다음 글을 읽으며, 빈칸에 들어갈 날말을 따라 써 보세요.

> 동물과 식물은 겨울이 다가오면 추운 겨울을 잘 보내기 위한 방법을 찾아요. 바로 **겨울나기**하는 것이지요. 식물은 겨울나기를 어떻게 할까요? 먼저 나무는 가을에 나뭇잎이 떨어진 자리에 **겨울눈**을 만들어요. 겨울 동안 잎눈이나 꽃눈이 얼지 않도록 껍질을 만들어 보호하는 거예요. 또 **알뿌리** 식물은 땅에 있는 뿌리에 영양분을 모아서 겨울을 보내요. 그렇다면 동물은 겨울나기를 어떻게 할까요? 추위를 이길 수 있는 동물들은 따뜻한 **털갈이**를 한 후 겨울을 보내요. 반면 먹이를 찾기 어렵고, 추위도 견디기 힘든 동물들은 겨울 내내 자며 보내지요. **겨울잠** 자기 전에 미리 먹이를 많이 먹어서 충분한 에너지를 저장한 뒤에 땅속이나 굴속 등 따뜻한 곳에서 겨울잠을 자요.
> 이렇게 식물과 동물은 각기 다른 방법으로 겨울을 맞이하여 지혜롭게 보낸답니다.

날말밭 사전

확인 ☑

* **겨울나기** 겨울을 지내는 것. ☐

* **겨울잠** 겨울이 되면 동물이 활동을 멈추고 봄이 올 때까지 땅속 등에서 잠자는 상태로 있는 것. ☐

* **알뿌리** 땅속에 있는 식물의 뿌리나 줄기 또는 잎 등이 달걀 모양으로 커져서 영양분을 저장한 것. ☐

* **겨울눈** ① 나무나 여러해살이 식물의 잎눈과 꽃눈이 추위에 얼지 않도록 보호하는 여러 겹의 껍질. ② 늦여름부터 가을 사이에 생겨 겨울을 넘기고 이듬해 봄에 자라는 싹. ☐

* **털갈이** 짐승이나 새의 묵은 털이 빠지고 새 털이 남. ☐

과학 주제 04 날말밭 일일학습

1단계 확인과 적용

01 다음 날말의 뜻으로 알맞은 것을 보기에서 찾아 기호를 쓰세요.

> 보기
> ㉠ 겨울을 지내는 것.
> ㉡ 겨울이 되면 동물이 활동을 멈추고, 봄이 올 때까지 땅속 등에서 잠자는 상태로 있는 것.
> ㉢ 나무나 여러해살이 식물의 잎눈과 꽃눈이 추위에서 얼지 않도록 보호하는 여러 겹의 껍질.

(1) 겨울눈 (㉢)　(2) 겨울잠 (㉡)　(3) 겨울나기 (㉠)

해설
㉠에는 뒤에 털이 날린다는 내용을 통해 '털갈이'가, ㉡에는 따뜻한 옷을 사 준다는 내용을 통해 '겨울나기'가 들어가는 것이 알맞다는 것을 알 수 있습니다.

02 다음 중 '털갈이'를 바르게 사용한 것을 찾아 ○표 하세요.

① 개구리는 겨울이 다가오면 털갈이를 잘 준비를 한다. ( )
② 우리 집 고양이가 털갈이를 시작하여 털이 많이 빠지고 있다. (○)

해설
'털갈이'는 '짐승이나 새의 묵은 털이 빠지고 새 털이 남.'이라는 뜻이므로 ②가 바르게 사용했습니다. ①에는 '털갈이' 대신 '겨울잠'이 알맞습니다.

03 다음 중 밑줄 친 날말을 바르게 사용하여 말한 친구의 이름을 쓰세요.

윤빈: 봄이 되면 산수유나무의 알뿌리에서 꽃이 피는 것을 볼 수 있어.

태현: 다람쥐는 미리 먹이를 잔뜩 먹은 후 겨울잠을 자면서 겨울을 보내.

(태현)

04 다음 빈칸에 들어갈 날말로 알맞은 것을 찾아 선으로 이으세요.

(1) 봄이 되자 목련의 ___에서 싹이 돋았다.　　㉠ 겨울잠
(2) 겨울이 지나 봄이 오면 ___을/를 자던 동물들이 깨어난다.　㉡ 겨울눈
(3) 남극에 사는 펭귄들은 겨울이 오기 전에 깃털을 새 깃털로 바꾸는 ___을/를 한다.　㉢ 털갈이

05 다음 빈칸에 들어갈 날말로 알맞은 것을 찾아 ○표 하세요.

> 우리가 자주 먹는 채소 중에 감자와 고구마가 있어요. 이 채소들의 공통점은 무엇일까요? 이들은 모두 ___ 식물이에요. 땅속에서 영양분을 가득 채워 뿌리나 줄기가 달걀 모양으로 커진 부분을 먹는 것이지요.

((알뿌리) , 겨울눈)

해설
감자와 고구마는 땅속 줄기나 뿌리에 영양분을 모으는 식물이므로, 빈칸에는 '땅속에 있는 식물의 뿌리나 줄기 또는 잎 등이 달걀 모양으로 커져서 영양분을 저장한 것.'이라는 뜻의 '알뿌리'가 들어가야 알맞습니다.

06 다음 ㉠과 ㉡에 들어갈 알맞은 날말을 보기에서 찾아 쓰세요.

> 보기
> 겨울나기　　털갈이

> 나의 사랑하는 강아지 후추야, 요즘 너의 ㉠ 때문에 우리 집은 어디에나 너의 털이 날리고 있어. 어머니께서는 네가 추운 겨울을 미리 준비하는 것이라고 말씀하셨어. 내가 따뜻한 옷을 사 줄 테니 털을 가는 대신 그 옷을 입고 ㉡ 을/를 하는 건 어떨까?

(1) ㉠: 털갈이　(2) ㉡: 겨울나기

2단계 활용

07 다음 보기와 같이 주어진 날말을 넣어 짧은 문장을 만들어 쓰세요.

> 보기
> 털갈이
> ✎ 털갈이를 한 강아지의 털들이 내 옷에 잔뜩 붙었다.

(1) 겨울눈
✎ 예 목련의 겨울눈이 봄에 예쁜 꽃을 피웠다.

(2) 알뿌리
✎ 예 채소 가게에는 알뿌리로 된 채소가 많이 있다.

과학 주제 01~04 **낱말밭** 주간학습

정답 및 해설 28쪽

해설

(1)에서 당근, 감자, 고구마는 줄기나 뿌리에 영양분을 저장한 식물이므로 빈칸에 들어갈 낱말은 '알뿌리', (2)에서 눈이 내리는 것을 예측했다는 내용으로 보아 빈칸에 들어갈 낱말은 '기상청', (3)에서 순식간에 정전이 되었다는 내용으로 보아 빈칸에 들어갈 낱말은 '뇌우', (4)에서 달팽이가 이것으로 주의를 감지한다는 내용으로 보아 빈칸에 들어갈 낱말은 '더듬이'임을 알 수 있습니다.

01 다음 빈칸에 들어갈 알맞은 낱말을 [보기]에서 찾아 쓰세요.

> [보기]
> 뇌우   기상청   더듬이   알뿌리

(1) 당근, 감자, 고구마는 모두 (**알뿌리**) 채소이다.

(2) 오늘 눈이 내릴 거라던 (**기상청**)의 예측이 맞았다.

(3) (**뇌우**)(으)로 순식간에 아파트 단지가 모두 정전이 되었다.

(4) 달팽이는 시력이 거의 없어서 (**더듬이**)(으)로 주위를 감지하며 앞으로 나간다.

02 다음 빈칸에 들어갈 낱말로 알맞은 것은 무엇인가요? (①)

> 동생은 욕심을 부리며 아이스크림을 혼자 다 먹더니 [   ]이/가 아프다고 했다.

① 배   ② 취미   ③ 성격   ④ 행동   ⑤ 나이

03 다음 첫 자음자를 보고, 빈칸에 들어갈 알맞은 낱말을 쓰세요.

(1) ㅇ ㅊ
✎ 이번 주말까지 비가 100밀리미터(mm) 더 올 것으로 (**예측**)되고 있다.

(2) ㅇ ㅂ
✎ 커다란 (**우박**)이/가 쏟아져 내려서 비닐하우스에 구멍이 숭숭 뚫렸다.

(3) ㄱ ㅅ
✎ 어버이날, 나와 동생은 색종이로 카네이션을 만들어 부모님 (**가슴**)에 달아 드렸다.

해설

밑줄 친 부분은 '갑자기 많이 내리는 눈.'이라는 뜻을 가진 '폭설'과 뜻이 비슷합니다.

04 다음 밑줄 친 부분과 뜻이 비슷한 낱말은 무엇인가요? (④)

> 저는 현재, 강원도 설악산의 가장 높은 꼭대기인 대청봉에 올라 있습니다. 어제부터 많이 내린 눈 때문에 이곳에는 나뭇가지마다 눈꽃이 피었습니다. 이 아름다운 풍경을 놓치지 않기 위해 많은 사람이 이곳을 찾고 있습니다.

① 폭염   ② 가뭄   ③ 뇌우   ④ 폭설   ⑤ 우박

05 다음 중 ㉠과 ㉡에 들어갈 알맞은 낱말을 바르게 짝 지은 것은 무엇인가요? (⑤)

> 서연이는 식물에 관한 책을 읽다가 나무도 동물처럼 ㉠ 을/를 위해 준비한다는 것을 알게 되었어요. 그래서 아파트 화단의 나무들을 관찰했어요. 나무에서 ㉡ 을/를 발견했는데, 목련은 솜털로 뒤덮여 있었고, 칠엽수는 여러 겹이 보호막에 둘러싸여 있었어요. 봄이 되면 그곳에서 꽃이나 잎이 핀다는 사실이 정말 신기했어요.

① ㉠: 겨울눈 - ㉡: 겨울잠
② ㉠: 알뿌리 - ㉡: 겨울눈
③ ㉠: 겨울잠 - ㉡: 알뿌리
④ ㉠: 겨울눈 - ㉡: 겨울나기
⑤ ㉠: 겨울나기 - ㉡: 겨울눈

해설

이 글은 가뭄으로 인해 물이 부족하여 생기는 여러 가지 피해를 설명하고 있으므로, 빈칸에는 '가뭄'이 들어가야 알맞습니다.

06 다음 글에서 설명하는 내용은 무엇인지, 빈칸에 들어갈 낱말을 글에서 찾아 두 글자로 쓰세요.

> 지구 온난화가 심해지면서 여러 자연재해가 발생하고 있어요. 특히, 오랫동안 비가 내리지 않는 가뭄이 늘어나고 있지요. 가뭄으로 인한 피해는 생각보다 심각해요. 가뭄이 오래 계속되면 지하수처럼 사람이 마실 수 있는 물이 부족해져요. 또한 농촌에서는 논밭에 뿌릴 물이 부족해서 농사가 어려워지고, 그로 인해 우리가 먹을 식량도 부족해질 수 있지요.

→ (**가뭄**)(으)로 인한 심각한 피해

[07~09] 다음 글을 읽고, 물음에 답하세요.

곤충은 습도나 온도 등 환경 변화에 매우 민감하게 반응해요. 그래서 이들의 움직임을 잘 관찰하면 ㉠날씨를 ㉡예측하는 데 도움을 받을 수 있어요.

예를 들어, 개미들이 한 줄로 바쁘게 왔다 갔다 하면 다음 날은 구름이 많거나 비가 올 가능성이 있어요. 일부 연구에 따르면, 공기 중의 습기를 미리 알아차린 개미가 비가 오기 전에 알이나 애벌레를 안전한 곳으로 옮기는 행동을 한다고 해요. 또 잠자리가 낮게 날아다니면 다음 날 비가 오는 경우가 많다는 연구도 있어요. 잠자리의 먹이인 모기나 나비 같은 작은 곤충들은 비를 몰고 다니는 공기의 변화를 느끼면 낮게 날아다니는 경향이 있어요. 따라서 잠자리가 먹이를 잡기 위해 낮게 날아다닌다면 비가 올 가능성이 있다고 보는 거예요.

이런 곤충들의 행동이 기상청의 일기 예보만큼 날씨를 정확히 예측할 수는 없어요. 하지만 환경 변화에 대한 반응을 통해 날씨를 짐작해 볼 수 있다는 점이 흥미롭지 않나요?

07 ㉠과 ㉡의 뜻으로 알맞은 것을 [보기]에서 찾아 기호를 쓰세요.

> [보기]
> ㉮ 미리 헤아려 짐작함.
> ㉯ 그날그날의 비, 구름, 바람, 기온 등이 나타나는 기상 상태.

(1) ㉠: (㉯)   (2) ㉡: (㉮)

해설

'날씨의 변화를 짐작하여 미리 알리는 일.'은 '일기 예보'의 뜻입니다.

08 다음 뜻을 가진 낱말을 이 글에서 찾아 네 글자로 쓰세요.

> 날씨의 변화를 짐작하여 미리 알리는 일.

(**일기 예보**)

09 다음은 이 글의 제목입니다. 빈칸에 들어갈 알맞은 낱말은 무엇인가요? (①)

> [   ]의 행동으로 날씨를 짐작해요

① 곤충   ② 지형   ③ 기상청   ④ 털갈이   ⑤ 겨울눈

해설

이 글은 곤충들의 움직임을 잘 관찰하면 날씨를 예측할 수 있다는 것을 설명하고 있으므로 빈칸에 들어갈 알맞은 낱말은 '곤충'입니다.

🐞 **디지털 속 한 문장**

정답 및 해설 28쪽

다음을 보고, 곤충이라는 낱말을 넣어 ㉠에 들어갈 대화 글을 써 보세요.

> 은호: 얘들아, 이것 좀 봐. 내가 지난 주말에 가족과 함께 숲길로 산책하러 갔거든. 거기서 사마귀를 발견해서 채집해서 부모님께서 사진을 찍어 주셨어.
>
> 주연: 우아, 멋지다. 내가 제일 좋아하는 곤충이 사마귀야. 정말 부러워.
>
> 지상: 앗, 나는 사마귀가 싫어. 삼각형 얼굴이 무섭거든. 나는 곤충 중에서 귀여운 꿀벌이 가장 좋아.
>
> ㉠ [   ]
>
> 애리

✎ **예** 사마귀도 멋진 곤충이구나. 난 머리에 뿔이 나 있는 모습이 멋있어서 장수풍뎅이를 좋아해.

해설

'곤충'이라는 낱말을 넣어 이어지는 대화 글을 자유롭게 써 봅니다.

공부한 날짜   월   일
정답 및 해설 29쪽

과학주제05 우리의 몸을 살펴볼까?

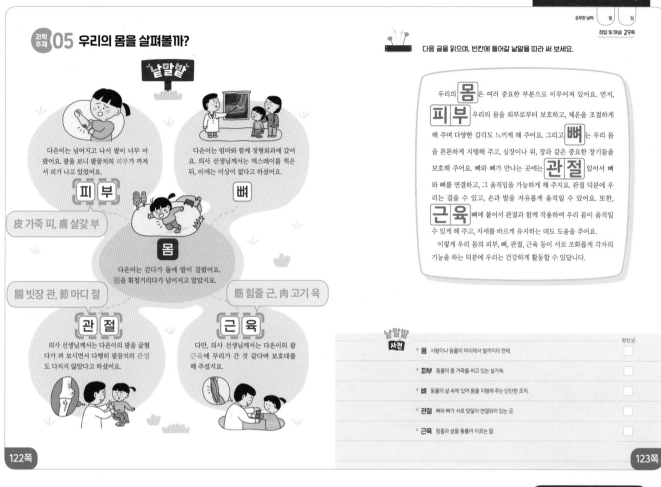

날말밭

다온이는 넘어지고 나서 팔이 너무 아팠어요. 팔을 보니 팔꿈치의 피부가 까져서 피가 나고 있었어요.

다온이는 엄마와 함께 정형외과에 갔어요. 의사 선생님께서는 엑스레이를 찍은 뒤, 뼈에는 이상이 없다고 하셨어요.

피부

皮 가죽 피, 膚 살갗 부

뼈

몸

다온이는 걷다가 돌에 발이 걸렸어요. 몸을 휘청거리다가 넘어지고 말았지요.

關 빗장 관, 節 마디 절

筋 힘줄 근, 肉 고기 육

관절

의사 선생님께서는 다온이의 팔을 굽혔다가 펴 보시면서 다행히 팔꿈치의 관절도 다치지 않았다고 하셨어요.

근육

다만, 의사 선생님께서는 다온이의 팔 근육에 무리가 간 것 같다며 보호대를 해 주셨지요.

다음 글을 읽으며, 빈칸에 들어갈 낱말을 따라 써 보세요.

우리의 **몸**은 여러 중요한 부분으로 이루어져 있어요. 먼저, **피부**는 우리의 몸을 외부로부터 보호하고, 체온을 조절하게 해 주며 다양한 감각도 느끼게 해 주어요. 그리고 **뼈**는 우리 몸을 튼튼하게 지탱해 주고, 심장이나 위, 장과 같은 중요한 장기들을 보호해 주어요. 뼈와 뼈가 만나는 곳에는 **관절**이 있어서 뼈와 뼈를 연결하고, 그 움직임을 가능하게 해 주지요. 관절 덕분에 우리는 걸을 수 있고, 손과 발을 자유롭게 움직일 수 있어요. 또한, **근육**은 뼈에 붙어서 관절과 함께 작용하여 우리 몸이 움직일 수 있게 해 주고, 자세를 바르게 유지하는 데도 도움을 주어요.

이렇게 우리 몸의 피부, 뼈, 관절, 근육 등이 서로 조화롭게 각자의 기능을 하는 덕분에 우리는 건강하게 활동할 수 있답니다.

날말밭 사전

확인 ☑

* **몸** 사람이나 동물의 머리에서 발까지의 전체. ☐
* **피부** 동물의 몸 거죽을 싸고 있는 살가죽. ☐
* **뼈** 동물의 살 속에 있어 몸을 지탱해 주는 단단한 조직. ☐
* **관절** 뼈와 뼈가 서로 맞닿아 연결되어 있는 곳. ☐
* **근육** 힘줄과 살을 통틀어 이르는 말. ☐

과학주제05 날말밭 일일학습

정답 및 해설 29쪽

1단계 확인과 적용

01 다음 뜻을 가진 낱말을 보기에서 찾아 쓰세요.

보기
뼈   관절   근육

(1) 힘줄과 살을 통틀어 이르는 말. (근육)
(2) 뼈와 뼈가 서로 맞닿아 연결되어 있는 곳. (관절)
(3) 동물의 살 속에 있어 몸을 지탱해 주는 단단한 조직 (뼈)

02 다음 대화의 빈칸에 들어갈 알맞은 낱말에 ○표 하세요.

진아는 음식을 많이 먹는데, 왜 [   ]이/가 날씬하고 건강해 보일까?

그건 진아가 매일 열심히 운동을 해서 그런 것 같아.

(몸 , 관절)

03 다음 문장의 빈칸에 들어갈 낱말을 보기에 있는 글자 카드로 만들어 쓰세요.

보기
뼈   부   피

(1) 뜨거운 햇볕을 오래 쬐었더니 (피부)이/가 검게 그을렸다.
(2) 전시된 공룡은 입이 매우 커서 턱 (뼈)의 길이가 내 키만큼이나 길었다.

04 다음 빈칸에 들어갈 낱말로 알맞은 것은 무엇인가요? (⑤)

아버지께서 팔에 힘을 주자 팔의 [   ]이/가 불뚝 나왔다.

① 뼈   ② 몸   ③ 관절   ④ 가슴   ⑤ 근육

해설 팔에 힘을 주자 불뚝 나왔다는 내용으로 보아 '힘줄과 살을 통틀어 이르는 말.'인 '근육'이 들어가는 것이 알맞습니다.

해설 ·······05
'관절'은 '뼈와 뼈가 서로 맞닿아 연결되어 있는 곳.'이라는 뜻입니다. 따라서 ②에서 오랜 컴퓨터 작업으로 인해 손목의 관절이 아프다는 내용은 적절합니다. ①에는 삼촌이 운동을 열심히 한 결과로 팔의 '근육'이 단단하다고 하는 것이 알맞습니다.

05 다음 밑줄 친 낱말과 같은 낱말이 들어갈 문장에 ○표 하세요.

어머니께서는 넘어진 동생의 발목 관절이 부은 것을 보고 병원에 데려가셨다.

① 삼촌은 운동을 열심히 해서 팔과 다리의 [   ]이/가 매우 단단하다.
( )

② 아버지께서는 컴퓨터 작업을 오래 하셔서 손목 [   ]이/가 아프다고 하셨다.
(○)

06 다음 빈칸에 공통으로 들어갈 낱말로 알맞은 것은 무엇인가요? (②)

우리 몸에는 많은 [   ]이/가 있어요. 태어날 때는 약 450개 정도 되지만, 몸이 자라면서 서로 뭉치거나 합해져서 어른이 되면 206개가 되지요. 그 중에서 가장 긴 [   ]은/는 넓적다리에 있어요. 길이가 약 50센티미터 정도 되며, 270킬로그램이 넘는 무게도 견딜 수 있을 만큼 강해요.

① 몸   ② 뼈   ③ 피부   ④ 근육   ⑤ 머리

해설 우리 몸에 있는 뼈에 대해 설명하는 글이므로, 빈칸에는 '뼈'가 들어가는 것이 알맞습니다.

2단계 활용

07 다음 보기와 같이 주어진 낱말을 넣어 짧은 문장을 만들어 쓰세요.

보기
근육
✎ 운동선수들은 훈련이 끝나면 찜질을 하여 근육을 풀어 준다고 한다.

(1) 몸
✎ 예 몸이 약했던 친구가 규칙적으로 운동을 하여 건강해졌다.

(2) 피부
✎ 예 비누로 씻었더니 피부가 깨끗하고 매끈해졌다.

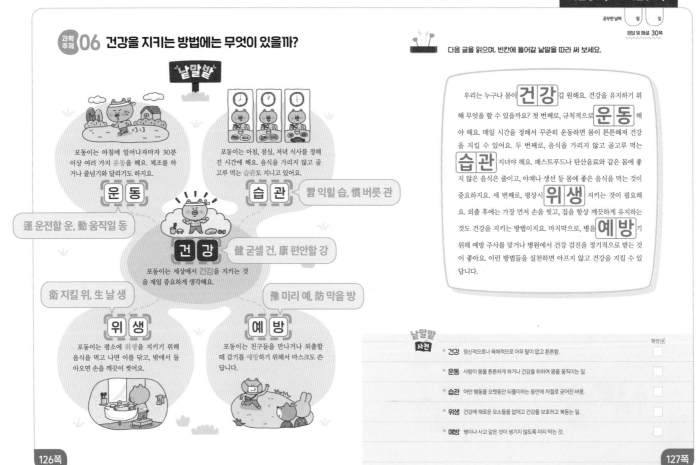

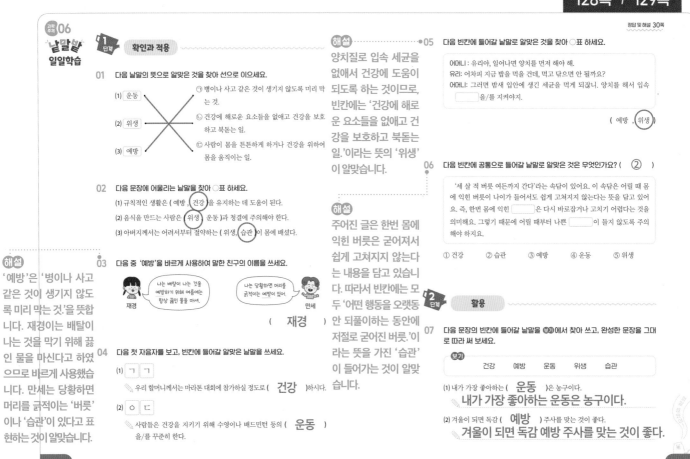

공부한 날짜   월   일
정답 및 해설 31쪽

과학 주제 07 환경 오염의 종류에는 무엇이 있을까?

토순이네는 산꼭대기로 이사를 가려고 올라갔어요. 이미 **대기**가 먼지로 가득 차서 숨을 쉬기가 어려웠어요.

대 기

大 큰 대, 氣 기운 기

토순이네는 강가로 가 봤지만 역시 살 수 없었어요. 사람들이 버린 오물 때문에 **수질**이 더러워져 있었거든요.

수 질

水 물 수, 質 바탕 질

오 염

汚 더러울 오, 染 물들일 염

토순이네 가족은 살던 곳이 **오염**이 되어 다른 곳으로 떠나야 했어요.

토 양

土 흙 토, 壤 흙 양

토순이네는 마지막 희망을 품고 벌판으로 갔어요. 하지만 쓰레기들로 인해 **토양**도 엉망이 된 상황이었어요.

환 경

環 고리 환, 境 지경 경

토순이와 가족은 깨끗했던 옛날 **환경**이 그리웠어요. 이제 어디에서 살아야 할지 너무나 걱정이 되었어요.

다음 글을 읽으며, 빈칸에 들어갈 낱말을 따라 써 보세요.

우리는 자연 **환경** 에서 살아가고 있어요. 자연은 우리를 비롯하여 동물과 식물이 함께 살아가는 중요한 공간이지요. 그런데 이렇게 중요한 공간이 **오염** 되고 있어요.

먼저, 우리가 숨을 쉴 때 마시는 공기가 있는 **대기** 오염되고 있어요. 자동차에서 나오는 매연이나 공장에서 발생하는 미세먼지 등이 공기를 더럽히고 있지요. 또한 우리가 생활하는 데 쓰인 물, 세제나 샴푸, 공장에서 버려지는 폐수 등이 **수질** 더럽히고 있지요. 마지막으로 **토양** 은 어떨까요? 우리가 무분별하게 사용하고 버리는 플라스틱 제품, 쓰레기 등으로 인해 땅도 오염되고 있어요.

우리가 깨끗한 환경 속에서 건강을 지키며 살기 위해서는 이러한 환경 오염을 줄이는 방법을 찾아 실천해야 해요.

낱말밭 사전

확인 ☑

* **오염** 더럽게 물듦. 또는 더럽게 물들게 함. ☐
* **대기** 지구를 둘러싸고 있는 모든 공기. ☐
* **수질** 물의 성분이나 성질. 물의 깨끗한 정도. ☐
* **토양** ① 식물이 자랄 수 있는 흙. ② 지구의 표면을 덮고 있는, 작은 알갱이로 이루어진 물질. ☐
* **환경** 사람과 생물에게 두루 영향을 끼치는 자연이나 사회의 조건이나 상태. ☐

과학 주제 07
낱말밭 일일학습

1단계 확인과 적용

정답 및 해설 31쪽

01 다음 낱말의 뜻으로 알맞은 것을 [보기]에서 찾아 기호를 쓰세요.

[보기]
㉠ 지구를 둘러싸고 있는 모든 공기.
㉡ 물의 성분이나 성질. 물의 깨끗한 정도.
㉢ 사람과 생물에게 두루 영향을 끼치는 자연이나 사회의 조건이나 상태.

(1) 수질 (㉡)   (2) 대기 (㉠)   (3) 환경 (㉢)

02 다음 빈칸에 들어갈 알맞은 낱말을 [보기]에서 찾아 쓰세요.

[보기]
환경   대기

(1) 미세 먼지가 많은 날에는 (**대기**)이/가 뿌옇고 흐릿하다.
(2) 새로 가족이 된 강아지는 (**환경**)에 적응하기 위해 집 안을 돌아다니며 냄새를 맡았다.

03 다음 대화의 빈칸에 들어갈 알맞은 낱말에 ○표 하세요.

우리 마을에 있는 강이 많이 ☐☐되었다고 해.

저런, 강물의 수질을 좋게 할 방법을 찾아야겠어.

(대기   ⟨오염⟩)

04 다음 중 '토양'을 바르게 사용한 것을 찾아 ○표 하세요.
① 오염된 토양은 생물의 성장에 피해를 준다. (○)
② 숲속의 토양의 공기가 맑아서 숨을 쉬기가 편안하다. ( )

해설

㉠에는 수희가 이를 지키기 위해 학교 주변의 쓰레기를 주웠다는 내용으로 보아 '환경'이 들어가는 것이 알맞고, ㉡에는 물고기를 위해 이것을 줄이자고 하였으므로 '오염'이 들어가는 것이 알맞습니다.

해설

(1)에서 미세 먼지로 인해 뿌옇고 흐릿한 것으로는 지구를 둘러싸고 있는 모든 공기를 뜻하는 '대기'가 알맞고, (2)에서는 강아지가 자신이 사는 집에 적응하기 위해 한 행동에 대한 내용이 나타나 있으므로 '환경'이 들어가는 것이 알맞습니다.

05 다음 ㉠과 ㉡에 들어갈 알맞은 낱말을 바르게 짝 지은 것은 무엇인가요? (⑤)

수희는 오늘 학교에서 주변 ㉠ 을/를 지키고 보호하는 활동을 했어요. 반 친구들과 함께 학교 연못 주위에 버려진 쓰레기를 모두 주웠어요. 수희는 깨끗해진 연못에서 헤엄치는 물고기를 보면서 환경 ㉡ 을/를 줄이고 깨끗한 환경을 지키는 일에 앞장서야겠다고 생각했어요.

① ㉠: 오염 - ㉡: 대기   ② ㉠: 오염 - ㉡: 환경   ③ ㉠: 대기 - ㉡: 오염
④ ㉠: 수질 - ㉡: 환경   ⑤ ㉠: 환경 - ㉡: 오염

06 다음 밑줄 친 낱말과 같은 낱말이 들어갈 문장에 ○표 하세요.

나무는 대기 중에 있는 오염 물질을 흡수해 공기를 깨끗해 한다.

① 함부로 버려지는 쓰레기로 인해 강물의 ☐☐ 가 안 좋아졌다. ( )
② 매연을 발생시키는 자동차 대신 자전거를 타면 ☐☐ 가 깨끗해진다. (○)

2단계 활용

07 다음 문장의 빈칸에 들어갈 낱말을 [보기]에서 찾아 쓰고, 완성한 문장을 그대로 따라 써 보세요.

[보기]
수질   토양

(1) 환경 단체에서는 (**토양**)을 검사하기 위해 흙을 가져갔다.
✎ 환경 단체에서는 토양을 검사하기 위해 흙을 가져갔다.

(2) (**수질**) 오염으로 인해 강물 속의 물고기가 살 수 없게 되었다.
✎ 수질 오염으로 인해 강물 속의 물고기가 살 수 없게 되었다.

해설

'대기'는 '지구를 둘러싸고 있는 모든 공기.'를 뜻합니다. ②에서 자동차 대신 자전거를 타면 깨끗해진다고 하였으므로 빈칸에는 '대기'가 들어가는 것이 알맞고, ①은 쓰레기로 인해 강물이 깨끗하지 않게 된 것이므로 '수질'이 들어가는 것이 알맞습니다.

과학 주제 08 과학자가 하는 일은 무엇일까?

낱말밭

저는 우주를 **관찰**해요. 별이나 행성 그리고 은하가 어떻게 움직이고 변화하는지 망원경을 통해 살펴보지요.

관찰
觀 볼 관, 察 살필 찰

저는 우주에 대해 알고 싶은 것이 많아요. 별들은 어떻게 생겨났는지, 블랙홀은 무엇인지 등에 대해 **탐구**하지요.

탐구
探 찾을 탐, 究 연구할 구

과학자
科 품목 과, 學 배울 학, 者 놈 자

저는 우주 **과학자**예요. 우주를 연구하는 아주 특별한 일을 하고 있지요.

측정
測 잴 측, 定 정할 정

저는 특별한 장비들을 사용하여 별의 밝기나 행성이 지나가는 길 등을 **측정**하기도 해요.

실험
實 열매 실, 驗 시험 험

저는 실험을 통해 우주에서 일어나는 현상을 재현해 보기도 해요. 우주에서 일어나는 일을 더 잘 이해하기 위해서이죠.

다음 글을 읽으며, 빈칸에 들어갈 낱말을 따라 써 보세요.

과학자 과학을 전문적으로 연구하는 사람이에요. 과학 분야는 매우 다양하며, 분야에 따라 과학자들이 하는 일이 달라요. 예를 들어, 동물이나 식물과 같은 생물을 자세히 **관찰**하는 과학자를 생물학자라고 해요. 생물학자는 **실험**을 통해서 생물의 구조와 기능 등을 알아내기도 해요. 또한 별이나 행성 등에 대해 의문을 가지고, 그 답을 찾기 위해 **탐구**하는 과학자를 천문학자라고 해요. 천문학자들은 별과 행성이 얼마나 존재하는지, 우주가 어떤 구조인지 등을 연구하여 우주에 대한 우리의 이해를 넓혀 주어요. 그리고 지구를 이루고 있는 모든 물질에 대해 연구하는 화학자도 있어요. 화학자는 물질의 성질과 변화를 **측정**하고 분석해요. 이를 통해 새로운 물질이나 약물 등을 만들어 내기도 하지요. 이처럼 다양한 분야를 연구하는 과학자들이 많답니다.

낱말밭 사전   확인☑

* **과학자** 과학의 한 분야에서 전문적으로 연구하는 사람. ☐
* **관찰** 무엇을 주의하여 자세히 살펴봄. ☐
* **탐구** 진리, 학문 등을 파고들어 깊이 연구함. ☐
* **측정** 일정한 양을 기준으로 하여 같은 종류의 다른 양의 크기를 잼. 기계나 장치를 사용하여 재기도 함. ☐
* **실험** ① 실제로 해 봄. ② 과학에서, 어떤 이론이 실제로 옳은지를 알아보기 위하여 일정한 조건이나 상황을 만들어서 관찰하고 측정함. ☐

과학 주제 08

낱말밭 일일학습

1단계 확인과 적용

01 다음 낱말의 뜻으로 알맞은 것을 찾아 선으로 이으세요.

(1) 관찰 — ㉠ 무엇을 주의하여 자세히 살펴봄.
(2) 탐구 — ㉡ 진리, 학문 등을 파고들어 깊이 연구함.
(3) 과학자 — ㉢ 과학의 한 분야에서 전문적으로 연구하는 사람.

해설 곤충의 성장 과정에 대해 연구하는 학문은 과학이므로, 빈칸에는 '과학을 전문으로 연구하는 사람.'이라는 뜻의 '과학자'가 들어가야 알맞습니다.

02 다음 빈칸에 들어갈 낱말로 알맞은 것은 무엇인가요? (③)

그는 곤충의 성장 과정에 대해 연구하는 ____이다.

① 경찰관 ② 소방관 ③ 과학자 ④ 수의사 ⑤ 예술가

해설 (1)에는 약의 효능을 알아보기 위해 동물을 이용하여 실제로 해 보는 일이 들어가야 하므로 '실험'이 알맞고, (2)에는 만보기라는 기계를 사용하여 걸음 수를 세는 일이므로 '측정'이 들어가는 것이 알맞습니다.

03 다음 빈칸에 들어갈 낱말을 보기에 있는 글자 카드로 만들어 쓰세요.

보기
실   측   험   정

(1) 동물을 이용하여 약의 효능을 알아보는 (**실험**)을 반대하는 사람이 많다.
(2) 우리 집에서 할머니네 집까지 몇 걸음이나 되는지 만보기로 (**측정**)해 보았다.

04 다음 중 밑줄 친 낱말을 바르게 사용하여 말한 친구의 이름을 쓰세요.

경민: 나는 최근에 눈이 잘 보이지 않아서 안과에 가서 시력을 측정해 보았어.

해준: 나는 우리 삼촌이 아기에서 어른으로 성장하기까지의 과정을 실험해 보았어.

(**경민**)

해설 현아와 지은이는 과학 시간에 물에 뜨거나 가라앉는 물건에 대한 실험을 한 것을 이야기하고 있으므로, 빈칸에는 '실험'이 들어가는 것이 알맞다는 것을 알 수 있습니다.

해설 아이큐를 검사하여 숫자로 나타내는 일에 대한 내용이므로 '측정'이 들어가는 것이 알맞습니다.

05 다음 빈칸에 공통으로 들어갈 낱말로 알맞은 것은 무엇인가요? (⑤)

현아: 오늘 과학 시간에 한 ____이/가 참 재밌었어.
지은: 맞아, 특히 플라스틱 젓가락은 물에 가라앉고, 나무젓가락은 물에 뜨는 게 신기했어. 둘 다 무겁지 않아서 모두 물에 뜰 줄 알았거든.
현아: 정말 신기했어. 쇠젓가락으로도 ____을/를 해 보고 싶어.

① 예방 ② 공연 ③ 결정 ④ 오염 ⑤ 실험

06 다음 빈칸에 들어갈 알맞은 낱말을 찾아 ○표 하세요.

아이큐는 계산이나 문장 활동 등을 통해 지능을 검사하여 숫자로 나타낸 것을 말해요. 아이큐 ____에서는 평균을 100으로 설정해요. 90-110의 범위에 해당하는 숫자가 나오면 지능이 보통인 것으로, 그 이상의 숫자는 지능이 높은 것, 그 이하의 숫자는 지능이 낮은 것으로 판단하지요. 하지만 아이큐는 검사받는 장소, 검사받는 사람의 몸 상태나 기분 등에 따라 결과가 다르게 나올 수 있으므로 주의해야 해요.

(탐구 (측정))

2단계 활용

07 다음 보기와 같이 주어진 낱말을 넣어 짧은 문장을 만들어 쓰세요.

보기
관찰
✎ 돋보기로 개미의 생김새를 자세히 관찰해 보았다.

(1) 실험
✎ 예 과학실에서 실험을 하고 나서 실험 도구를 정리했다.

(2) 탐구
✎ 예 재우는 우리나라 역사를 탐구하는 학자가 되는 것이 꿈이다.

공부한 날짜   월   일

05~08 낱말쏙 주간학습

정답 및 해설 33쪽

01 다음 문장에 어울리는 낱말을 찾아 ○표 하세요.

(1) 선생님께서는 반 친구들의 키를 (체험 , ⃝측정⃝)하셨다.
(2) 동생이 미끄럼틀에서 떨어져서 (⃝뼈⃝ , 위생)에 금이 갔다.
(3) 아빠께서는 (환경 , ⃝건강⃝)을 위해 아침마다 조깅을 하신다.

02 다음 대화의 빈칸에 들어갈 알맞은 낱말에 ○표 하세요.

단백질을 먹으면 몸의 □□□을 키울 수 있대. 앞으로 난 단백질 음식만 먹을 거야.

단백질 음식만 많이 먹으면 안 돼. 음식을 골고루 먹어야 몸이 튼튼해질 수 있어.

(운동 , ⃝근육⃝)

03 다음 빈칸에 들어갈 알맞은 낱말을 보기에서 찾아 쓰세요.

보기
피부   관찰   위생

(1) 밭에서 일하시는 아버지의 **피부**은/는 검고 거칠었다.
(2) (**위생**)을/를 위해 집에 돌아오면 제일 먼저 손을 씻어야 한다.
(3) 나는 동생과 함께 갓 태어난 강아지의 행동을 (**관찰**)해 보았다.

04 다음 빈칸에 들어갈 낱말로 알맞은 것은 무엇인가요? (⑤)

우리는 소금과 설탕 중 어떤 것이 물에 빨리 녹는지 알기 위해 □□을/를 했다.

① 예방 ② 운동 ③ 기대 ④ 대피 ⑤ 실험

해설 '버릇'은 '오랫동안 자꾸 반복하여 몸에 익어 버린 행동.'을 뜻하므로, '어떤 행동을 오랫동안 되풀이하는 동안에 저절로 굳어진 버릇.'이라는 뜻의 '습관'과 비슷한 낱말입니다.

해설 소금과 설탕 중에 어떤 것이 물에 빨리 녹는지를 알아보는 것이므로, 빈칸에는 '과학에서, 어떤 이론이 실제로 옳은지를 알아보기 위하여 일정한 조건이나 상황을 만들어서 관찰하고 측정함.'이라는 뜻의 '실험'이 들어가는 것이 알맞습니다.

05 다음 밑줄 친 낱말과 바꾸어 쓸 수 있는 낱말은 무엇인가요? (②)

서진: 지현아, 우산 안 가져왔어? 내 우산 같이 쓰고 가자.
지현: 서진아, 날씨가 맑았는데 비가 올 줄 어떻게 알았어?
서진: 아, 나는 비 맞는 걸 너무 싫어해서 항상 우산을 가지고 다니는 <u>버릇</u>이 있어.

① 건강 ② 습관 ③ 관찰 ④ 탐구 ⑤ 느낌

06 다음 글에서 설명하는 내용은 무엇인지, 빈칸에 들어갈 낱말을 글에서 찾아 두 글자로 쓰세요.

요즘 청소년들은 학교가 끝난 뒤에도 학원에 가거나 공부를 더 하느라 운동할 시간이 부족해요. 하지만 청소년에게 운동은 정말 중요해요. 운동을 하면 몸이 튼튼해지고 면역력이 높아져요. 또한 스트레스를 줄이는 데도 도움이 된답니다.

→ 청소년이 (**운동**)을/를 하면 좋은 점

07 다음 밑줄 친 낱말과 뜻이 비슷한 낱말을 글에서 찾아 두 글자로 쓰세요.

민혁이네 가족은 지난 주말에 할머니 댁에 갔어요. 할머니께서는 밭에서 일을 하고 계셨어요. 민혁이를 보신 할머니께서는 여기저기 묻은 흙을 털어 내고 나서 민혁이를 꼭 안아 주셨어요. 할머니께서는 기름진 토양에서 직접 키우신 채소들로 맛있는 점심을 만들어 주셨어요.

(**토양**)

08 다음 빈칸에 들어갈 낱말로 알맞은 것은 무엇인가요? (④)

나는 □□이에요/예요. 나는 뼈와 뼈 사이에 있어서 사람들이 활동하기 쉽도록 도와주는 역할을 해요. 하지만 너무 오래 사용하거나 무리하면 염증이 생기기도 해요.

① 피부 ② 가슴 ③ 머리 ④ 관절 ⑤ 나이

[09~11] 다음 글을 읽고, 물음에 답하세요.

스코틀랜드에서 태어난 플레밍은 의사이자 미생물학자였어요. 플레밍은 학교를 졸업한 뒤 대학 병원에서 연구하고 있었지요. 어느 날, 연구실에서 세균을 연구하던 플레밍은 우연히 ⃝⃝실험 접시 위에 푸른곰팡이가 핀 것을 발견했어요. 그런데 자세히 보니 푸른곰팡이가 핀 부분에만 세균이 사라진 상태였어요. 플레밍은 이 현상을 그냥 지나치지 않고, 푸른곰팡이가 어떻게 세균을 없앴는지 더 ⃝탐구하기 시작했어요. 그 결과 플레밍은 푸른곰팡이 속에 들어 있는 어떤 물질이 병을 일으키는 세균을 없애는 효과가 있다는 사실을 알게 되었어요. 플레밍은 이 물질에 '페니실린'이라는 이름을 붙였어요. 그 뒤 다른 과학자들이 페니실린을 더 연구하여 약을 만들어 냈어요. 이 약이 바로 지금까지 수많은 환자의 생명을 살려 낸 '항생제'예요. 항생제는 우리 ⃝몸에 들어와 병을 일으키는 세균을 무찔러 사람들의 □□을 지켜 주는 큰 역할을 하고 있어요. 만약 플레밍이 푸른곰팡이를 그냥 지나쳤다면 이러한 훌륭한 결과는 없었을 거예요.

09 ⃝~⃝의 뜻으로 알맞은 것을 두 가지 찾아 ○표 하세요.

(1) ⃝: 더럽게 물듦. 또는 더럽게 물들게 함. ( )
(2) ⃝: 진리, 학문 등을 파고들어 깊이 연구함. (○)
(3) ⃝: 사람이나 동물의 머리에서 발까지의 전체. (○)

10 ⃝에 들어갈 알맞은 낱말을 찾아 ○표 하세요.

운동   행동   ⃝건강⃝   생각

11 다음은 이 글의 제목입니다. 빈칸에 들어갈 알맞은 낱말은 무엇인가요? (③)

페니실린 발견으로 수많은 생명을 구한 □□□ 플레밍

① 수의사 ② 예술가 ③ 과학자 ④ 경찰관 ⑤ 소방관

해설 항생제가 우리 몸에 들어온 세균을 무찔러 사람들의 이것을 지켜 준다고 했으므로, '정신적으로나 육체적으로 아무 탈이 없고 튼튼함.'이라는 뜻의 '건강'이 들어가는 것이 알맞습니다.

해설 이 글은 항생제 개발의 바탕이 된 페니실린을 발견하여 많은 사람의 생명을 구한 과학자인 플레밍에 대해 설명하는 내용이므로, 빈칸에 들어갈 알맞은 낱말은 '과학자'입니다.

디지털 속 한 문장

정답 및 해설 33쪽

다음을 보고, 환경이라는 낱말을 넣어 ⃝에 들어갈 답글을 써 보세요.

자유 게시판   ★ < 🖨

◇ 제목: 환경을 지킵시다!

• 글쓴이 방수현   • 등록일 12월 05일   • 조회수 27

안녕하십니까?
저는 2학년 7반 회장 방수현입니다. 이 사진은 제가 학교에서 찍은 것입니다. 현재 운동장에는 쓰레기가 아무렇게나 버려져 있습니다. 그리고 교실 쓰레기통에도 남은 반찬이 넘쳐 납니다. 학교 환경이 깨끗해야 우리도 마음껏 공부하고, 뛰어놀 수 있지 않을까요? 모두 함께 환경을 지키는 방법을 생각해 주시기를 바랍니다.

좋아요 👍

＞ 박지훈 좋은 이야기입니다. 저는 환경을 깨끗하게 하기 위해 오늘부터 운동장에 버려진 쓰레기를 줍겠습니다.
＞ 손영민 저도 동의해요. 저는 환경 오염을 줄이기 위해서 급식 먹을 때 필요한 만큼만 받아서 먹겠습니다.

⃝   답글

[목록] [삭제]   [답변] [수정] [삭제] [글쓰기]

해설 '환경'이라는 낱말을 넣어 회장인 수현이가 말한 쓰레기 문제를 해결할 수 있는 방법을 생각하여 글을 써 봅니다.

✎ **예** 저는 학교 환경을 깨끗하게 유지하려면 먼저 쓰레기를 함부로 버리지 않는 습관을 가지는 것이 중요하다고 생각합니다.

어휘평가 정답 및 해설

국어 어휘평가

01 ①	02 ②	03 ①	04 ④	05 ①	06 ②
07 ①	08 ③	09 ④	10 ②	11 ⑤	12 ②
13 ①	14 ⑤	15 ④	16 ②	17 ③	

02 ①과 ③의 '달콤하다'는 '편안하고 포근하다.', ④와 ⑤의 '달콤하다'는 '흥미가 나게 아기자기하거나 목소리 등이 마음을 녹일 듯 애교가 있다.'라는 뜻입니다.

05 '인물'은 '일정한 상황에서 어떤 역할을 하는 사람.'이라는 뜻이고, '생긴 모양.'은 '생김새'의 뜻입니다.

07 ②는 '날짜', ③은 '행', ④는 '짐작', ⑤는 '초대장'의 뜻입니다.

08 ①의 '사흘'은 '세 날.', ②의 '날짜'는 '일정한 일을 하는 데 걸리는 날의 수.', ④의 '나흘'은 '네 날.' ⑤의 '이튿날'은 '어떤 일이 있은 그다음의 날.'이라는 뜻을 가졌습니다.

09 ④에서 누나는 생일 선물로 새 휴대 전화를 사겠다고 생각하였으므로, '짐작' 대신 '무슨 일을 어떻게 하기로 정하는 것.'이라는 뜻의 '결정'이 알맞습니다. '짐작'은 '사정이나 형편 등을 대강 알아차리는 것.'이라는 뜻의 낱말입니다.

10 삼촌은 세계 여러 나라의 동전을 모으는 일을 좋아하여 즐겨 한다는 내용이므로 빈칸에는 '좋아하여 재미로 즐겨 하는 일.'이라는 뜻의 '취미'가 들어가는 것이 알맞습니다.

11 ⑤의 '바람'은 '어떤 일이 이루어지기를 기다리는 간절한 마음.'이라는 뜻이므로, '어떤 일이 원하는 대로 이루어지기를 바라면서 기다림.'이라는 뜻의 '기대'와 뜻이 비슷합니다.

12 ①은 '보름', ③은 '생각', ④는 '분위기', ⑤는 '감각'의 뜻입니다.

13 '조사하고'는 '어떤 내용을 정확히 알기 위하여 자세히 살펴보거나 찾아보고.'라는 뜻이므로 ⓒ과 뜻이 비슷한 낱말입니다.

17 ①은 '시끄럽게', ②는 '말랑해', ④는 '이해하여', ⑤는 '준비하여'의 뜻입니다.

사회 어휘평가

01 ③	02 ①	03 ⑤	04 ②	05 ⑤	06 ②
07 ②	08 ④	09 ①	10 ①	11 ③	12 ④
13 ①	14 ⑤	15 ④	16 ②	17 ⑤	

04 그림은 남극이나 북극에 있는 얼음덩어리의 모습이므로, '높은 산이나 극 지방에 오래 쌓인 눈이 얼음덩이가 되어 덮고 있는 것.'이라는 뜻을 가진 '빙하'를 나타내고 있습니다.

06 도자기를 직접 만들어 보고, 여러 가지 직업을 직접 해 보았다는 내용을 통해 빈칸에는 '자기가 몸소 겪음. 또는 그런 경험.'이라는 뜻의 '체험'이 알맞다는 것을 알 수 있습니다.

07 ②의 '폭염'은 '매우 심한 더위.'라는 뜻의 낱말입니다. '주로 중국의 사막에 있는 가는 모래가 바람에 실려 날아오는 현상.'은 '황사'의 뜻입니다.

10 ②는 '한파', ③은 '특산물', ④는 '빙하', ⑤는 '기와'의 뜻입니다.

12 온 나라에 임금님의 결혼을 축하하기 위한 행사가 열렸다는 내용이므로 ⓒ에는 '어떤 것을 기념하거나 축하하기 위해 벌이는 큰 규모의 행사.'를 뜻하는 '축제'가 들어가는 것이 알맞습니다.

13 ①의 '기와'는 '흙이나 시멘트 등을 일정한 모양으로 굽거나 굳혀서 지붕을 덮는 데 쓰는 물건.'이라는 뜻이므로 문장에 바르게 쓰이지 못했습니다. ①의 문장에는 '기와' 대신 '어떤 지역에서 특별히 생산되어 나오는 물건.'이라는 뜻을 가진 '특산물'이 알맞습니다.

15 그림은 '여러 사람이 편을 나누어 굵은 밧줄을 마주 잡고 당겨서 승부를 겨루는 놀이.'라는 뜻의 '줄다리기'를 하는 모습을 나타내고 있습니다.

16 경찰관이 하는 일을 자세히 설명하는 글이므로, 빈칸에는 '경찰관'이 들어가는 것이 알맞습니다.

17 재해가 일어났을 때 사람들을 안전한 곳으로 데려가는 일에 대한 내용이므로 ㉠에는 '위험이나 피해를 입지 않도록 잠시 피함.'이라는 뜻의 '대피'가 들어가는 것이 알맞습니다.

01 ⑤의 '알뿌리'는 '땅속에 있는 식물의 뿌리나 줄기 또는 잎 등이 달걀 모양으로 커져서 영양분을 저장한 것.'이라는 뜻입니다. '나무나 여러해살이 식물의 잎눈과 꽃눈이 추위에 얼지 않도록 보호하는 여러 겹의 껍질.'이라는 뜻을 가진 낱말은 '겨울눈'입니다.

03 하얀 얼음덩어리가 쏟아졌다는 내용과 나뭇잎에 구멍이 뚫렸다는 내용으로 보아 빈칸에 들어갈 알맞은 낱말은 '큰 물방울들이 공중에서 갑자기 찬 기운을 만나 얼어서 떨어지는 얼음덩어리.'라는 뜻의 '우박'임을 알 수 있습니다.

04 '측정'은 '일정한 양을 기준으로 하여 같은 종류의 다른 양의 크기를 잼.'이라는 뜻입니다. 따라서 전염병에 가장 좋은 방법은 마스크를 쓰는 것이라는 내용에는 '측정' 대신 '병이나 사고 같은 것이 생기지 않도록 미리 막는 것.'이라는 뜻의 '예방'이 쓰여야 알맞습니다.

05 할머니께서 곧 비가 올 것 같다고 미리 생각하신 내용으로 '예상'은 '어떤 일을 직접 당하기 전에 미리 생각하여 둠. 또는 그런 내용.'을 뜻하는 낱말입니다. '예상'은 '미리 헤아려 짐작함.'이라는 뜻의 '예측'과 뜻이 비슷한 낱말입니다.

07 ①은 '실험', ②는 '폭설', ④는 '날씨', ⑤는 '환경'의 뜻입니다.

08 그림은 개미의 모습입니다. 개미는 곤충으로 몸이 머리, 가슴, 배로 구성되어 있습니다. 따라서 ㉠은 '머리', ㉡은 '가슴', ㉢은 '배'를 가리키고 있음을 알 수 있습니다.

10 ㉣'겨울나기'는 '겨울을 지내는 것.'이라는 뜻의 낱말입니다. ④에 주어진 뜻은 '알뿌리'의 뜻입니다.

12 ㉮의 앞뒤에서 서로 맞대어 그 체온으로 겨울을 보낸다고 했으므로, 빈칸에는 '사람이나 동물의 머리에서 발까지의 전체.'라는 뜻의 '몸'이 알맞습니다.

13 그림은 과학자가 여러 가지 기구를 가지고 실험하는 모습이므로, '과학에서, 어떤 이론이 실제로 옳은지를 알아보기 위하여 일정한 조건이나 상황을 만들어서 관찰하고 측정함.'이라는 뜻의 '실험'이 어울립니다.

15 ㉠의 '가슴'은 '사람이나 동물의 목과 배 사이에 있는 몸의 앞부분.'이라는 뜻이므로, ⑤의 문장에는 알맞지 않습니다. ⑤의 빈칸에는 '가슴' 대신 '동물의 살 속에 있어 몸을 지탱해 주는 단단한 조직.'이라는 뜻의 '뼈'가 들어가야 알맞습니다.

17 ②는 '관절', ③은 '건강', ④는 '뼈', ⑤는 '습관'의 뜻입니다.

어휘 실력을 확인하는 방법

맞은 개수 17~14개　실력이 매우 우수합니다.
어휘의 사전적·문맥적 의미를 정확하게 이해하며 낱말을 논리적으로 활용할 수 있습니다.

맞은 개수 13~8개　실력이 보통입니다.
학습하는 데 필요한 용어를 이해하고 구분하여 쓸 줄 압니다. 다만 아직 문맥 속에서 어휘의 뜻을 유추하거나 활용하는 능력은 부족해 보입니다. 어휘 이해력과 활용 능력을 향상시킬 필요가 있습니다.

맞은 개수 7~0개　실력이 다소 부족합니다.
교과서에 자주 등장하는 학습 도구 어휘와 교과서를 이해하는 데 꼭 필요한 국어 개념 어휘를 이해하지 못해 교과서를 읽는 데 어려움을 겪을 것으로 보입니다. 기본적인 교과 개념 어휘를 익히는 훈련이 필요합니다.

메모

www.neungyule.com

달곰한 문해력 초등 어휘

학년별 시리즈 안내

추천 학년	단계	어휘 교과 영역
초 1~2학년	1단계	국어, 사회, 과학, 수학
초 1~2학년	2단계	국어, 사회, 과학, 수학
초 3~4학년	3단계	국어, 사회, 과학, 수학
초 3~4학년	4단계	국어, 사회, 과학, 수학
초 5~6학년	5단계	국어, 사회, 과학, 수학
초 5~6학년, 예비 중 1	6단계	국어, 사회, 과학, 수학

NE능률 국어연구소

NE능률 국어연구소는 전문성과 탁월성을 기반으로
국어교육 트렌드를 선도합니다.

달콤한 문해력 초등 어휘 2단계

펴 낸 날	2024년 11월 15일(초판 1쇄)
펴 낸 이	주민홍
펴 낸 곳	(주)NE능률
지 은 이	NE능률 문해력연구회
개발책임	장명준
개 발	류예지, 이자원, 박수희
디자인책임	오영숙
디 자 인	민유화, 김명진
제작책임	한성일
등록번호	제1-68호
I S B N	979-11-253-4878-8 63710

대표전화	02 2014 7114
홈페이지	www.neungyule.com
주 소	서울시 마포구 월드컵북로 396(상암동) 누리꿈스퀘어 비즈니스타워 10층 (우편번호 03925)